寰遊自傳[9]

步步蓮華

⊙聖嚴法師 著

自序

詩人欣賞世界，大地萬象都可成為寫詩的內容。

畫伯描繪世界，大地萬物都可成為入畫的題材。

哲學家觀察世界，人生宇宙都是本體產生的現象。

佛菩薩所見世界，有情眾生都是菩薩都是佛，無情眾生都是佛國淨土的眾寶莊嚴。

同樣的環境、同樣的景色、同樣的人物、同樣的時節，若以不一樣的人、不一樣的心情、不一樣的角度、不一樣的深度、不一樣的目的來體驗，便會產生不一樣的反應。

我不是很喜歡寫文章的人，寫遊記更不是計畫中的工作，每次遊歷各處的最初動機，是為弘法求法，學習新知，充實自己，奉獻大眾，所以沒有考慮要寫遊記。可是每次遊歷告一段落，多半會寫出一篇文章乃至一本書來。在緊密的日程中，增加這項額外的工作，也不是一樁輕鬆好玩的事，只是覺得應該對歷史負責任，對自己求成長，對他人做交待，否則便是浪費了我這個已屬於全體社會的生命資源。

我在每次遊化到一個陌生地方之前，總要預先收集一些相關資料，獲得若干程度的自然知識和人文背景，才不至於到了任何地方，都好像是相同的山水，類似的景物，差不多的面龐，除了消遣時間，花掉一些金錢，一切都是模糊依稀，不能留下深刻的印象，也不能激發自己成長。

有了若干預備知識，便有親歷其境的感受，也能將現實的景物與歷史的過程連結成爲活的生命。每到一地，不僅是面對實景實物，也可與此實景實物相繫的歷史人物對面談心。所以讓我走向自然，也能教我與古人把臂同行。

正因爲經歷了實景實物的觀察與體驗，就會發現歷史是永遠不會回頭的，年深日久之後，現實的環境早已見不到歷史上的那些鏡頭；不僅是人去樓空，連那些舞臺也早已變了又變。同時歷史的事實加上後人的傳說，也就無法想像歷史上的情況究竟是什麼樣子了。

這便是佛法所說的眞理：「世相無常」、「凡所有相，皆是虛妄」。

可是，我們的生命中，不論是肉體的血液，或者是文化的血液以及精神的源頭，都跟我們的祖先是無法切斷的，也跟現實的環境是無法區隔的，時間的延續是歷史的生命，空間的展現是社會的生命。只要用心生活、用心體驗，我們每一個人，都負有歷史的責任和社會的責任。

因此，遊歷之後，應當尚有工作要做：要把自己內心世界的成長，與大家分享；把現實的環境做成記錄，留給歷史文化；把陳舊的歷史和傳說，做一番溫習和釐清，勉勵自己，也介紹給他人。

我是一個出家的僧侶，非常重視佛教的興衰及法門的隆污，我特別留心佛教歷史人物的成長過程，及他們的努力和影響。也可以說，如果沒有歷代的古聖先賢，爲我們留下了豐富的儀軌芳範，以及他們的智慧財產，我們今日的人間社會就不堪想像。所以每到一處曾有高僧大德駐錫過的古道場，不僅要緬懷他們、禮敬他們，也希望學習他們。所謂見賢思齊，不應僅爲自己受益而感恩，更應體驗他們爲法忘軀的堅韌心和利益眾生的悲願心，試著來做更多自己當做而能做的佛事。

每到一座古道場，雖已物換星移，可能早已成爲荒丘廢墟，但我總覺得歷史上的祖師們，不論有名無名，都還是活生生的在那兒：忙著興建道場，忙著廣度群迷。縱然斯人已逝，他們的悲智猶在。我們便以這樣的心境，到處感恩，到處禮拜，到處憑弔，到處緬懷；我稱之謂進入歷代祖師菩薩們的內心世界。不論目前那些古道場的情景如何，我總是揣摩著去與那兒的古代大德們，做生命的結合。雖無語言，卻勝過有言；雖無問答，卻能獲得來自他們的啟發。

我寫成冊的遊記，這本已是第八冊了。

本書是記述我從一九九六年四月十五日至五月六日期間的參訪行腳、所見所聞及所思所行。

本書的內容寫了些什麼？請讀者自行探索。雖然有人說，日記的眞實性很少，遊記的可靠性不多；我的遊記卻是和其他的人一起走出來的，尤其本書的證人，連我在內，多達二百九十九人；不僅沒有虛構的人物故事，而且考證了若干人物故事，例如布袋和尚、濟公活佛、白蛇傳與雷峯塔等，都是家喻戶曉的佛教故事，但在文學性的民間傳說與歷史性的眞實故事之間，是有差距的。正好，我這趟所走中國佛教聖跡巡禮的路線，就是極富文學創作的江南地區，也是近千年來中國佛教出現人才最多的地區。所以不必假造杜撰，眞實的風土人物和歷史文化已經寫不勝寫了。

本書記載了一千多年來中國佛教的根源，現代臺灣佛教的法脈，尤其是我個人及法鼓山的源頭所在，包括了近代佛教四大師：印光、弘一、太虛、虛雲，加上印順，應該合稱爲五大師的事蹟，以及和他們相關的道場。至於跟我剃度師東初老人的禪教戒法相關的道場及法眷，我自己出家及讀書的道場和相關的長輩及同輩，也在本書中做了一次實地尋根的介紹。好讓讀者們瞭解，法鼓山的出現，不是由於我聖嚴一個人的努力，除了跟我同時奉獻的廣大菩薩群之外，也不可忘了法鼓山的源頭活水是從何時何處流傳下來的。因爲飲水思源，知恩報恩，是我們法鼓山的主要信條。

本書的命名《步步蓮華》，有三個原因：1.在我們的行程中，始於九華山，經過普陀山，終於上海龍華寺，都見到刻有蓮花圖案的石階級和石地板。2.佛國淨土的諸佛菩薩，都是蓮花化生，行住坐臥不離蓮臺。3.我們法鼓山正在倡導「建設人間淨土」的理念，雖然處身於娑婆世界，常要照顧心中的蓮花。

我在本書中說：「火焰化紅蓮，雖是菩薩境界，我們每一個凡人，只要能夠用心去解讀古來祖師大德們修行的信心、創建道場的願心、化度眾生的悲心，就能夠體會到他們的內心，每一秒鐘都沒有離開清涼的蓮池。」同時勉勵隨團的諸位僧俗弟子，只要「觀想所處的環境、所到的道場、所走的路，處處是蓮臺，步步有蓮華」，「我們所提倡的人間淨土，也就自然出現了」。

本書的完成，要感謝的人很多，爲我錄稿謄稿的是姚世莊及吳昕儀，跟我同樣的不眠不休夜以繼日，五月七日至六月十二日期間，我除了主持禪七、擔任講座、例行法會之餘，抽空口述、改稿、刪修補充以及校稿，也把她們兩人忙得幾乎喘不過氣來，但是還跟我說，她們眞有福報。

本書所用照片，除了我自己拍攝的之外，也謝謝李蓉生等幾位包括影視小組在內的僧俗弟子，爲我提供了不少。

本書的出版，則要感謝法鼓文化公司同仁費心的編輯。

一九九六年六月二十八日聖嚴自序於紐約禪中心

目錄

一、行前說明

先後辦了三次行前說明會：一九九五年十月十五日、一九九五年十二月十七日、一九九六年四月十四日。第一次說明會時，我向大家明示了這一次朝聖的宗旨，有這樣的一段話：「我們不是去旅遊觀光，不是去遊山玩水，不是去渡假休閒，而是去修行；我們以打禪七的精神進入中國大陸，而要比打禪七更辛苦。因爲禪七相當穩定、安定，只是在一個地方、一個道場。可是我們到了中國大陸，是天天在換地方、天天在移動我們的道場，所以要比禪七更辛苦，請諸位心理要有準備。」

因爲平常難得有兩個星期的時間來打禪七，我們也可以嘗試著，每天在活動之中還能體會打禪七的心境，那就是時時照顧自己的心念，不爲環境所轉，打坐念佛是修行，走路念佛又何嘗不是修行呢？因此，計畫做兩個星期的修行，而不是遊山玩水。我在行程中，每天都叮嚀大家要進入諸佛菩薩的內心世界，進入高僧大德的內心世界，這就是禪的修行。

做籌備工作的人，的確非常辛苦，特別是到出發前的兩個星期，工作極其繁重，例如總務負責人林新興居士、行李組負責人王崇忠居士，連日來由於行前的勞累，已經病倒，以致上了飛機，進了旅館，還在打針吃藥。

可是，在行前說明會之中宣布的事項，還有若干人員不知道的，他們有的是因爲住得太遠，有的是人在海外，所以還是有一些誤會，最嚴重的是他們不僅猜想師父及常住法師是旅行社給的免費待遇，甚至以爲工作人員的費用也由一般團員分攤，因爲有人覺得他們所付的費用比一般旅遊並不便宜。有一位團員向我提起團費的事，我說我已在行前說明會中宣布，不僅在大陸各寺院的供養，不要大眾負擔，師父及常住法師們的團費也都由師父另外籌措，諸位工作人員，當然是各自料理了。而這位居士反問我：「照規矩旅行社是每六個旅客就可免費一人，爲何不將它扣回來。」我說：「這已經由每一位團員分享了。」其實，法鼓山每次組團朝聖，都是這樣做的。否則我們還能說要提昇人的品質嗎？

二、拜訪印順長老

這一次從一月三日回到臺灣，至四月十八日為止的這段期間，相當的忙，為了僧團的制度及人事的安排，護法會的擴大，基金會的運作，主持兩期禪七、一期佛七、一期社會菁英禪修營，以及法鼓山遷建工程的事，另外，錄製華視每日十分鐘的節目「大法鼓」系列，中視每週日三十分鐘的節目「不一樣的聲音」系列；佛學研究所與籌設法鼓人文社會學院的行政工作；主持了一次剃度典禮及二個梯次的傳授「菩薩戒會」；分批召見了每一位護法會的勸募會員。除了每週日的法會，對念佛會、禪坐會所做的開示就比較少了。忙得連一日三餐和睡眠的時間都失去了常軌，還好，在幾位中西醫生的照顧之下，打針、服藥、推拿、點穴，以及我自己調適，總算撐了過來。

最值得高興的，是四月十五日上午，我與應邀從美國到臺灣做巡迴弘講的仁俊長老，一起造訪新竹的福嚴精舍，拜見了現年已經九十一歲的印順長老。我已有近十年未去拜見他老人家，當天他很歡喜，雖然一邊需要護士為他注射營養針，一邊還是和我們談笑風生，除了身體衰老、聲音微弱，他的頭腦非常清楚，

▲作者（左一）拜訪印順長老（左二）於新竹福嚴精舍，與仁俊長老（右一）、真華長老（右二）合影。

記憶極好。我們臨走時，他還堅持送我們到他所住的房間二樓門外，然後一直雙手扶著二樓前欄杆，以慈祥的眼光等著把我們漸漸送遠，到看不見爲止。這個印象，使我感受深刻。

那天在場的，尚有四位從美國及香港伴侍仁老回來的居士；接待我們的，還有福嚴精舍的住持眞華長老。仁老七十七歲，眞老七十五歲，只有我年紀最輕，也已經六十七歲。印順長老問我幾歲，我只好說：「還小。」其實，我的心理年齡雖不服老，我的生理年齡已像八十歲了。

我只好告訴印老：在民國三十七、八年（西元一九四八、一九四九年）前後，從大陸、香港到臺灣的出家眾，已經沒有一個是六十歲以下的人了。

我提起並謝謝他送了一本最近由北京出版的《印順集》，他說這是接受邀稿，由他自己編的，然後又補充一句：「他們出這套近代中國佛學選集，所選的對象，還活在人間的只有我一人了，其他像太虛大師、歐陽竟無等人，都早已不在人世了。」他好像是感到意外，竟然已過九十一歲，一方面也對其他的入選者表示懷念。其實，這是大陸對印老的尊敬，也可以說不得不選，否則出版那套叢書就有遺珠之憾了。

三、到了南京

從南京機場下機，直到出了海關之後，才見到中旅社的副總經理楊奇龍和宗教局的科長周祖樸，走上來向我表示歡迎之意。這和我過去三次訪問大陸時，不論在北京或昆明，一出機門就看到接待單位的人員協商通關，不太相同。也許是正巧遇上海峽兩岸，剛剛發生三月間緊張局面的關係吧？所以這次眞是把我們視作普通的旅行團體了。

幸好在通關證照查驗及海關行李檢查時，還是相當方便，我們的公、私行李有三、四百件，也只抽查了三、四十件，凡是用X光檢查發現有金屬物品，以及書籍模樣的行李時，才要求打開檢查；這次我們在這方面非常謹愼，僅在個人手提行李內，攜帶行程中使用的紀念冊、團員手札、禮儀環保手冊、法鼓山的方向等四本小冊子印刷品，之外未帶任何書刊。

我們從香港至南京，乘三架飛機：1.港龍航空是上午十一點起飛，下午一點十五分到達，一共一百六十人；2.東方江蘇航空有兩架，第一架是上午十一點起飛，下午一點三十分到達，一共九十人；3.第二架的東方江蘇航空，是上午十二點起飛，下午二點到達，一共五十人。

我是搭乘第一架飛機，先到南京，出了海關就坐在已經等待著的大北方旅遊大巴士上。然後，陸陸續續三班飛機和全體人員以及所有的行李，都辦妥入境檢查手續，登上巴士，這時已經是下午四點。

從臺北到香港，轉機到南京後再轉乘巴士，在搬運過程中，除了公共行李外，爲了讓每一個人及其個人行李，能夠於每一站都準時而準確地到達個人手邊，工作人員的忙碌可以想像，不要說丟了一個人，就是丟了某一人的一件行李，都會爲這次朝聖之行留下污點。總算發心工作的菩薩們盡責，加上諸位團員的密切配合，雖然第一天的行程有一些忙亂，大家都已經有法鼓山的共識和基本修養，沒有發生爭先恐後、批評、抱怨、鬥嘴、生氣等的情況。這是一個圓滿的開始，我祈禱諸佛菩薩加被，也感謝全體團員的合作。

當天晚上我們落腳住宿的是五星級的觀光旅館金陵飯店，它的內外環境和設備，跟紐約、香港、臺北的同級旅館相比，沒有什麼不一樣，除了從樓上向窗外看出去的遠景，有紫金山等當地的景觀之外，其他就感覺不出我們已經到了中國大陸的南京。

當天晚餐之後，舉辦第一次的聯誼晚會，主要目的是讓大家把心收攝一下，確認這次朝聖的目的和心態，凝聚朝聖之行的共識，準備打從明天一早起，就要進入九華山地藏菩薩的聖地了。

四、進入九華山

四月二十三日，星期二，晴。

上午六點半，在金陵飯店用過早餐，我爲大家做了簡短的開示。施建昌交待，每個人將大件行李擱下，僅僅攜帶旅行背包。七點半登上中旅社安排的十輛大北方的大型遊覽車。從南京市區向西南方向，經過板橋、銅井，然後就是安徽境內的馬鞍山市，沿途都有公安局爲我們派出的開道車，所以行程相當順利。到了馬鞍山市，因爲管轄的區域不同，所以交給安徽省的公安局，接替開道的任務。其實他們不僅維持行車狀況暢通，還負有維護我們人身安全的任務。然後經過采石、當塗、大橋、蕪湖市、繁昌、銅陵市，青陽、貴池、九華山即屬於池州的行政轄區。

從南京到九華山，車行五個半小時，沿途可以看出，江蘇省境內南京郊外的農田，比較富庶，安徽省境內的，略爲貧瘠。但是，農村風光不容易說出相差多少，反正在這個季節的農村，不是開著黃花的油菜田，便是綠油油而準備吐穗的大麥和小麥。農民的住宅，已經沒有茅舍竹籬搭成的農家舊貌，若不是二層、三層的樓房，至少也是一層磚牆覆瓦的現代式建築。

九華山還是屬於長江以南的範圍，有東南第一山之稱，我們經過五溪橋，進入九華勝境，然後就是九華街。當晚的住宿處就是九華街口的聚龍賓館及東崖賓館。原來這兩處都因寺院得名，到現在聚龍賓館的左側還有聚龍寺，原名聚龍庵，左前是百歲宮下院，坐落在九華街的北嶺頭；至於東崖之名，位於九華街東崖的峯巔，原爲東崖上院的遺

址，當天午餐所在地的東崖賓館，則在東崖之麓，化城寺的近鄰。餐後略微休息，下午三點半，就向地藏菩薩的肉身寶殿出發。

現在我要介紹一點九華山的自然環境及其名稱由來。九華山是中國佛教的四大名山之一；它與山西五臺山、四川峨嵋山、浙江普陀山齊名。它位於安徽省青陽縣西南，北俯長江，南望黃山；黃山以自然景觀取勝，九華山則以人文景觀享名。它的南

▲九華山是佛教四大名山之一，它位於安徽省青陽縣西南，北俯長江、南望黃山，峯迴路轉，群巖競秀。

北長約四十公里、東西寬約三十公里，風景區的總面積一百二十平方公里，其中心位置就是九華街。

九華山的腹地平均在海拔一千米以上，九華街是屬於最低部分，海拔六百米，至於九華是以九峯得名，九峯的高度，從最高的數起，依次是十王峯一千三百四十二米，七賢峯一千三百三十七米，天臺峯一千三百零六米，中峯一千二百九十一米，羅漢峯一千二百八十米，寶塔峯一千二百二十九米，蓮臺峯一千二百一十八米，太古峯一千一百三十六米，上蓮花峯一千零四十八米。

九華山原來稱爲九子山，詩仙李白（西元七〇一——七六二年）於唐玄宗天寶年間（約西元七五四年）來遊，與友人作〈改九子山爲九峯山聯句並序〉，稱「青陽縣南有九子山，山高數千丈，上有九峯如蓮花……予乃削其舊號，加以九華之目」，並有「妙有分二氣，靈山開九華」之句。這是九華山得名的由來。李白又說：「事絕古老之口，復缺名賢之紀。」稍晚的唐代詩人劉禹錫（西元七七二——八四二年）寫〈九華山歌〉序有云：「惜其地偏且遠，不爲世所稱。」可知此山直到唐末之際，尚不太爲史家及文人所記所知。而它的名稱，直到明末，還有人以九華山及九子山並用。例如明末的蕅益大師住在九華街的東崖，稱它爲九子別峯。

以九華山的高度來講，青陽縣城海拔三十一點五米，九華街海拔六百米，百歲宮海拔八百米，拜經臺海拔一千米，最高的就是十王峯。我們這次先到山區最低處的九華街，最高僅到了天臺峯，從天臺峯看十王峯好像伸手可及，但是也在幾百公尺以外，目前上面也有建築物，好像不是寺院，所以沒有前往。

至於九華山的氣溫，九華街全年平均是十三點四度，百歲宮十二點五度，拜經臺十一點五度，天臺峯十點六度，十王峯九點九度。全年最熱的是陽曆七月，九華街也只有二十五度，天臺峯二十二點二度，十王峯二十一點四度；全年最冷的月份是陽曆二月，九華街零點九度，天臺峯零下一點三度，十王峯零下一點九度；怪不得當蕅益大師在九華山住的時候（明末莊烈帝崇禎年間，西元一六三六—一六三七年），對如何度過山中寒冷的季節，有如下一段描述：「九華峯頭雲霧濃，三月四月如隆冬。厚擁敝袍供高臥，煖氣遠遁來無從。九華山中泉味逸，百滾千沸中邊蜜。拾取松毬鎮日煨，權作參苓療我疾。我疾堪嗟療偏難，阿難隔日我三日。」（《靈峯宗論》一〇之二卷七頁）

當年九華山中的生活條件，非常清苦，缺乏禦寒的衣物燃料，而且還害著每三日一發作的瘧病。像這樣的景況，在今天的九華山已不復存在，雖然天然氣候沒多大改變，而現代化的居住環境，比起三百三十年前，已經大大的改善。

五、九華山的歷史地理

根據史料記載，九華山之成爲佛教的道場，始於南朝梁武帝天監二年（西元五〇三年）有高僧伏虎尊者來山，居拾寶巖，建伏虎庵。在唐朝玄宗開元年間（西元七一三—七四一年），又有僧人檀號比丘來山中修行。又再根據明代的嘉靖《池州府志》及《九華山志》記載，相傳東晉安帝隆安五年（西元四〇一年）天竺僧人杯渡，來九華山創建茅庵。到今天爲止，相傳九華山的開創者，前後已有四人；第四位就是根據唐朝隱士費冠卿的〈九華山創建化城寺記〉所載，九華山佛教聖地的開創者爲新羅僧人金喬覺，世稱「金地藏」，因其俗姓金，俗名喬覺，法名地藏，是新羅王族近親。他約於唐玄宗開元七年（西元七一九年）渡海來華，至九華山中的岩洞內苦修苦行，感動了當地的信眾，到唐肅宗至德初年（西元七五六年或七五七年），山下的長者鄉紳諸葛節等，捐資買下了「谷中之地」，原爲檀號所居舊址，爲金喬覺興建禪居，這就是現在九華街的化城寺前身，此爲九華山有正式寺院之始。

當時的九華山罕見人煙，因爲山間的天然氣候嚴酷，所以地藏比丘的〈送童子下山〉詩中有「老僧相伴有煙霞」之句；唐朝詩僧冷然在其〈宿化城寺〉詩中也有「佛寺孤存千嶂間」的景象。

此後，九華山的歷代僧人之中，人才輩出，多半是禪師，也有不少名重一時的詩僧。到了宋朝時代，已經發展到四十餘座寺院，先後被朝廷賜額的有十二座，其中最有名的是化城寺；南宋的大慧宗杲禪師也曾到過九華山的天臺峯，在其〈遊九華山題天臺高處〉的詩中有這樣的描述：「踏遍天臺不作聲，清鐘一杵萬山鳴；五釵松擁仙壇蓋，九朵蓮開佛國城。」當時已是一派「佛國」氣氛了。因此，從九華街到天臺頂，被佛教界稱為「蓮花佛國城」，兩地之間是十五華里的石級山路。

六、肉身菩薩金地藏

根據清聖祖康熙年間（西元一六六二—一七二二年）李燦寫的《九華山志・序》，說在唐玄宗開元七年（約西元七一九年），新羅僧金喬覺來華，卓錫九華山苦修數十載，在唐德宗貞元十年（西元七九四年）以九十九歲高齡圓寂，因其法名地藏，故被後人尊爲地藏菩薩應現的化身。

九華山區在海拔千米以上的高峯有二十餘座，登最高峯可見到群峯競秀，搶人眼目者數十座，爭峙其間者數以百計，因金地藏的世壽九十九歲，故稱九華山有九十九峯，而特大者有九，故被命爲九子山及九華山。

在《宋高僧傳》卷二〇有〈唐池州九華山化城寺地藏傳〉，對於他的身世、相貌，有如下的描述：「釋地藏姓金氏，新羅國王之支屬也，慈心而貌惡，穎悟天然，七尺成軀。頂聳奇骨特高，才力可敵十夫。」

像有這樣昂藏氣質的一位僧人，所以能夠不畏艱鉅，餐風露宿，渡海跋山，不辭千萬里行腳，堅忍不拔勇往直前，而到九華山中修行數十年，當然可以理解。

▲地藏菩薩塑像兩旁通常有脇侍二尊，右為道明、左為閔公。

關於金地藏在九華山的事蹟，在此傳中有較多敍述，說他到了九子山最高峯，見到谷中之地，面陽而寬平，其土黑壤，其泉滑甘，因此而巖棲澗汲以度日，曾爲毒蟲所螫，仍不斷端坐無念，而感得山神作禮餽藥，並云：「小兒無知，願出泉以補過。」

傳中又說，九華的頂峯多雲霧，罕露其頂，其天然氣候惡劣，而地藏不以爲苦。故當諸葛節等率村民至山麓登高，深入寂無人煙之境，發現唯有地藏一人閉目石室，僅有一具折足鼎中，以白土和少許的米粒烹食度日。因此深受感動，替他買下了現在九華街化城寺的地基，不數載而成大伽藍。

後來，金地藏的高風大名，聞及本國新羅，僧眾渡海而來相尋相依者眾，山中道糧不足，地藏仍以白土供食養命，形容枯槁，南方有人因此而將他們號爲「枯槁眾」。直到現在，九華山的龍潭之側，還有這種白土，民間相傳稱爲「觀音土」，現在九華山文物館中也陳列有這種白土的標本。

又根據傳說，地藏比丘金喬覺，從新羅來華時，僅帶白犬一條，孤身雲遊，在九華山得到員外閔公的信仰。那片山地原屬閔公所有，地藏向他借一袈裟之地，結果把整座山全部蓋住，因此閔公感其神異，受其所化，捐出整座山頭。而閔公之子也依止地藏出家，法名道明；閔公自己隨後也出了家。因此，直到現在，地藏菩薩塑像兩側，通常有脇侍二尊，青年而現出家相者，即是道明；老者而現員外相者便是閔公。地藏菩薩的座騎，似狗非狗相的諦聽，就是那條白犬。在民間傳說中，倒是蠻動人的故事。

七、肉身寶殿

出身於新羅王室的地藏比丘，在九十九歲那一年預知時至，而昭告大眾，行將他往，因此眾聞山鳴石隕、扣鐘嘶嗄等異象。地藏就在此種情景下趺坐而滅。將其肉身舍利納於函中，經過三年開啟，顏貌如生，故為其建小塔於南臺，那就是地藏菩薩肉身寶殿所在地。

這位地藏比丘，在其生前，並沒有記載他曾表示自己是地藏菩薩的化身，以他的修行法門而言，《宋高僧傳》說是「四大部經」，不知是指那四大部，只知道他讀誦《華嚴經》，和修持西方淨土的阿彌陀佛法門。他與地藏經典中的地藏菩薩法門，並沒有明顯關聯之處，只是因為他的名字叫作地藏，而且能夠苦修苦行，名動十方，所以被後代佛教徒尊為所信仰的地藏菩薩化現。我們這次來九華山朝聖，就是帶著信仰心、虔誠心來體驗地藏比丘的苦修精神以及地藏菩薩的大悲願心。站在信仰的立場，我們當然相信他就是地藏菩薩的化身。

我們從九華街到神光嶺（原名南臺）的肉身寶殿，是用步行的，約二十五分鐘，開始是平地，然後一段石級又一段石鋪的平行路面，僅容二人和三人並肩而

▲登上神光嶺的肉身寶殿，作者受到住持聖富法師的歡迎。

走。它位於化城寺之西，最後一段的陡坡石級，共有八十四磴，它是登上肉身寶殿大門的通路，有一點像五臺山的菩薩頂，需要爬陡坡一百零八蹬。而在五臺山上的菩薩頂之前，也有一點像上九華山的肉身寶殿之陡坡石階前相似，要走一段高低起伏曲折的石砌路面。陡坡石階的兩側，附有鐵索欄杆，預防登坡者摔倒。宋代詩人陳清隱曾有一詩云：「八十四級山頭石，五百餘年地藏墳。風撼塔鈴天半語，眾人都向夢中聞。」可見八十四級石階已有很久了。

當我們爬上坡頂，就見到該寺住持聖富法師在大門外歡迎，入內即見「東南第一山」的大字金匾高懸廊下。先讓我們在肉身殿內禮塔，這是一座七級八角形的木塔，以漢白玉爲塔基，木塔內壁是金字《地藏菩薩本願經》，塔的每層八面，均有地藏菩薩坐像的佛龕。塔的兩側是十王立像。據說六十年才開啟一次塔門，所以沒有人見過肉身比丘的裝金像是什麼樣子。

在繞塔三匝之後，住持法師告訴我還有一座地藏大殿，剛剛興建完成，那兒可以看到一尊慈明老和尚的肉身菩薩像，然後他帶著我們向肉身殿左側，往下坡走，一共九十九階石級，才到達地藏大殿，非常雄偉莊嚴寬廣，在殿內右側，供著一尊裝金不久的肉身像。我問住持法師，這位肉身菩薩的來歷，他只說是本山的一位七十歲老和尚，圓寂四年後發現肉身不壞，可以說是菩薩再來，其他沒有很詳細的資料。後來到了天臺頂，才有人告訴我，他生前是肉身殿下方的一個小庵，叫作上禪堂的清眾，他在生時並沒有什麼影響力和特殊事蹟；能夠在死後肉身不爛，對於有宗教信仰的人，總是好現象。九華山有不少肉身不壞的例子，例如明末神宗萬曆年間（西元一五七三—一六一九年），有一位無暇和尚在東崖之巔，結茅禪修，一百一十歲圓寂，幽葬三年，肉身不壞，後人建庵供養，在明莊烈帝崇禎三年（西元一六三〇年）冊封為應身菩薩。不過這些肉身菩薩的影響力

▲肉身寶殿下方的一個小庵，叫作上禪堂。

都不及地藏比丘，現在我們到了肉身殿，看不到地藏比丘的肉身，能夠瞻禮這位慈明老和尚的肉身，也能讓我們的團員生起信心。

因此，我從地藏大殿拾級而上的中途，遇到經常害病的幾位僧俗弟子，便懇切的勸勉他們說：「業障重的人，要多學習地藏菩薩的精神，發大願心，就能消業除障。」所謂發願，就是要爲眾生要爲佛法多奉獻，不要爲自己的利害得失及憂喜苦樂著想，當時他們好像都聽懂了。

接著在肉身寶殿前的平臺上，集合大眾，請聖富法師開示，向地藏肉身寶塔辭行，就地頂禮三拜之後，我再向大眾勸告，既然來到了九華山供奉地藏菩薩肉身之處，應該學習地藏的精神，發大悲願：「眾生度盡方證菩提，地獄未空誓不成佛。」我們在肉身塔殿的北門廊下，發現有一塊黑底金字小篆橫匾，便是寫著這兩句話，乃是北洋政府的大總統黎元洪所書。

八、蓮華世界

我們上下肉身寶殿所踩的每一個石級，包括八十四級、九十九級兩段陡坡，乃至平鋪的石板，也都發現雕刻有蓮花的圖案，而且每一段石頭蓮花的圖案設計都有變化。九華山的祇園寺前，有一百多塊長方形石條鋪砌成的浮雕蓮花甬道，每石中央也是各式圖形的蓮花。後來到了普陀山，我們也在每三塊石板即有一朵蓮花雕刻的朝山步道上走過；特別是從法雨寺往佛頂慧濟寺的那一條步道，步步是蓮臺。所謂靈山聖地，眞是名不虛傳，法雨寺的大殿地板石，也是每塊都有蓮花的圖案。

普陀山的不肯去觀音，曾使日僧慧鍔在海上發現鐵蓮擋住去路，而將那塊海域稱爲蓮花洋；九華山在李白登山所見是九朵蓮花形的山峯，可見此二名山，與蓮華世界特別有緣。上海龍華寺的大殿，也有蓮花圖形的方塊石砌地面。

雖然在大陸許多的佛教名山，乃至包括印度在內的佛教聖跡，很少有像九華山、普陀山那樣，有以蓮花圖形作爲整條步道與整段石級的圖案雕刻；也很罕見以蓮華命名的山名及水名。可是我在一九八九年去印度朝聖的旅程中，當我見到遍地都是野生的白蓮花時，就已告訴大家，在印度朝聖，都要用「步步生蓮」這句話來看待這個世界；生活在這個世界，等於是生活在蓮花中的蓮臺上。

蓮花在大小乘經典中都有它殊勝的意義。

《中阿含經》卷二三〈青白蓮華喻經〉說：「以此人心不生惡欲惡見而住，猶如青蓮華紅赤白蓮華，水生水長出水上不著水，如是如來世間生世間長，出世間行不著世間法。」

《佛說文殊師利淨律經．道門品第四》也說：「人心本淨，縱處穢濁則無瑕疵，猶如日明不與冥合，亦如蓮華

▲九華山上肉身寶殿前，步步蓮花的臺階。

不爲泥塵之所沾污，譬如虛空無能污者。」《維摩經．佛道品》也說：「譬如高原陸地不生蓮華，卑濕淤泥乃生此華，如是見無爲法入正位者，終不復能生於佛法，煩惱泥中乃有眾生起佛法耳。」

從以上的三種經典所見，都是用蓮花象徵來譬喻諸佛菩薩在人間和眾生共同生活，救濟眾生而不貪著眾生，隱跡塵勞而不爲煩惱所困，處於生死苦海而不以爲苦。這就是說，菩薩要成佛一定是深入眾生群中，發菩提心，成就眾生。

但是在《觀無量壽經》及《阿彌陀經》都說，西方三聖都住於蓮臺之上，同時，凡是發願往生西方極樂淨土的人，臨命終時，西方三聖手持蓮臺來迎此人，往生西方蓮池。《大智度論》卷八說：「床爲世界白衣坐法，又以蓮華軟淨，欲現神力能坐其上令華不壞故；又以莊嚴妙法座故，又以諸華皆小，無如此華香淨大者；人中蓮華大不過尺；漫陀耆尼池，及阿那婆達多池中蓮華，大如車蓋；天上寶蓮華復大於此，是則可容結加趺坐；佛所坐華復勝於此百千萬倍。」

從這一段引文可見，蓮花的大小，是因福報的大小、智慧的深淺，以及所生品位的不同，而各有異，就是生到西方極樂世界，也有九品不等的蓮臺；人只要修行佛法，行菩薩道，就能把世間當成蓮池，自己生活的環境，處處都是蓮臺。所謂「化火焰爲紅蓮」，雖是菩薩境界，我們每一個凡人，只要能夠用心去解讀古來祖師大德們修行的信心、創建道場的願心、化度眾生的悲心，就能夠體會到他們的內心，每一秒鐘都沒有離開清涼的蓮池。當你躺下時，是在蓮臺上；坐著時，是在蓮臺上；站著時，是在蓮臺上；走路時都在蓮臺上。只要保持自己的身、口、意不受環境所困擾，不產生煩惱，那就會體驗到處處有蓮花、步步是蓮臺的蓮邦淨土了。

九、處處蓮臺·步步蓮華

蓮花生長於污泥，不爲污泥所染；蓮花出於水面而不沾水，這亦是容易看懂聽懂的事，也是能夠去體會去練習的。把自己的心，揣摩著像蓮花那樣的精神，但是，要在眾生群中，不爲眾生所困擾而起煩惱，那是需要用持戒、修定、念佛、拜佛、禮懺、聽聞佛法、閱讀經典等方法，來幫助我們，才能夠做到除粘去縛的工夫，獲得身心清淨的體驗。所以《維摩經》的〈佛道品〉要說：「火中生蓮華，是可謂希有。」

因此，我在這一次朝聖之行的行前說明會上，一再的勸勉大家要以打禪七、打佛七的心態，進入諸佛菩薩、歷代祖師的內心世界去，不是觀光旅遊，一定要觀想所處的環境、所到的道場、所走的路，處處是蓮臺，步步有蓮華；所見的人、所見的物、所發生的事，都要觀想爲成就人間淨土，成就佛國淨土的依正莊嚴。也就是說，所見到的人，不論是什麼形態，都是諸佛菩薩的化身；所接觸的事物，都是在影響我們淨化身心、淨化世界，以及求生佛國的助緣。我們所提倡的「人間淨土」，也就自然現前了。

當晚在聚龍飯店晚餐之後，團員們即分二組，住進聚龍和東崖兩個賓館。

晚餐後，有一位臺灣比丘尼帶著二位當地的比丘尼，到聚龍賓館見我，開口就稱我師父，說是我的弟子，法名叫果學，我看她很面熟，就是想不起來，我什麼時候剃度了這樣一位弟子。接著她告訴我，原來她是我們東初出版社發行部的職員，俗名林惠珠，因爲我沒有接受她在農禪寺出家，所以在其他道場剃度後，來大陸已經九個月。當時她從黃山來到九華山，暫住於九華街的菩提閣。另二位比丘尼之一，就是該道場的住持德福師，她們都有道心，也正在用看話頭的工夫，所以向我請教看話頭的正確方法。

我不希望在中國大陸私下接觸太多當地人，以免惹來麻煩，所以叮嚀她們不要再帶其他的出家眾來看我。事實上，我白天忙著參訪，晚上忙著開會和面談，也沒有多餘的時間。不過，能在蓮華世界見到熟人，就像是在佛國淨土和親人相會，我也十分歡喜。

一〇、拜經臺

四月二十四日，星期三，晴。

今天的重點訪問有五處：古拜經臺、天臺正頂、化城寺、祇園寺、旃檀林的大悲殿。

早上八點登車出發，約十分鐘，抵達鳳凰松的接引庵旁停車場，然後步行五分鐘，到索道站，以六個人一組，陸續分批搭乘空中纜車，約二十分鐘，直達古拜經臺索道站，在纜車上可以淩空飽覽九華山遠近各景區，如閔園、老人峯、仙人打鼓、仙桃石、獅子峯、香爐峯等的特色，尤其是看到纜車下方懸崖峭壁之間有人行道，正有許多人在逐步攀登；在崖壁之間及峭壁之巔，築有一座一座的寺院，眞好像是騰雲駕霧浮蕩在山谷之中，讓你感受到正處於人間仙境。

三十多歲的監院果成法師，在殿內迎接我們，他的師父就是該寺住持聖明法師，因爲害肝病，下山就醫，而沒有親自接待。目前該寺住眾十五人，非常忙碌，因爲正在增建兩幢房舍，而他們的殿宇也正在翻修，除了香客擁擠，施工中的工人也很忙碌。室內非常陰暗，香煙濃重，地面也不很平整，設有幾個積滿了塵垢的拜墊。我在每一個殿上，都是五體投地拜在地面上。我在地藏正殿中央，也看到兩個巨大的腳印，深入石板一寸左右，傳說這就是金地藏在這兒拜《華嚴經》所留下的遺跡，腳的大小超過常人一倍以上。對我來講，只能夠用信仰去接受，不應該用常情常理或者是用科學計算的角度來看待，否則它只是一個人為的傳說。

▲古拜經臺在重山峻嶺中，其右為大鵬聽經石。

又例如古拜經臺的後上方，峭壁懸崖有一塊二十米高的光面大石頭，狀似老鷹趴壁，因此傳說金地藏在此誦經之時，有一隻大鵬鳥經常附於石壁聽經，日久年深之後，就化爲一塊石頭。所以今天在旅遊的景點名稱，叫作「大鵬聽經石」，這應該是文人製造的傳說，而不是事實。若從地質學的角度解釋，那是屬造山活動過程中的天然結構。但是這個傳說故事是很動人的。

這個拜經臺，原來只是一塊露天平臺，在清朝穆宗同治年間（西元一八六二——一八七四年）才建庵，直到一九八二年，已經經過四次的重修和再建。現在九華山佛教協會會長仁德長老於一九四三年至一九五三年之間，就是擔任拜經臺的住持，一九八二年曾經作爲九華山佛教協會接待站。

此處的地形都是陡坡，根本沒有平地，但是目前拜經臺的負責人，正向山谷爭取空間，用塡補接駁的方式，增加了建築用地，因爲現在來九華山進香遊覽的人越來越多，不得不增加建築物的使用面積，以利於接待。

一一、天臺正頂

從拜經臺到天臺正頂，一路都是陡峭的石級，共有四百九十多階，必須扶著兩旁的鐵索和欄杆，向上一步一步的爬升。不僅是上山，下山的人也需要扶著兩旁的鐵索和欄杆，才比較安全省力，否則，上山非常吃力，有一些地方的石級既陡又窄，只有把腳橫起來，側著身子往上走。下山之時，如果一腳踩空，那就一滾到底，落入山谷，可能是粉身碎骨。所以，當遇到上和下兩隊人馬，摩肩走過時，總要有一方讓路，我們的攝影小組人員，以及擔任我護法金剛的兩位居士菩薩，一邊爬、一邊喊、一邊趕：「拜託，讓路，讓一讓，請讓一下！」我總覺得對不起那些上下的遊客，他們跟我完全一樣，都有權走路，都有權使用鐵索和欄杆，我只是衰老一些而已，爲何我就有這個特權。所以我總是說：「沒關係，請不要趕他們！請不要趕他們！」

當我們到達天臺正頂的天臺禪寺，也是地藏菩薩道場的最高峯，坐落於天臺頂上，住持宏學法師，今年四十一歲，他相當的穩重而誠懇，告訴我目前住有比丘十六人。他帶我在大殿禮佛，也去看露天的香臺，終年都有香客提著、揹著，

▲天臺正頂上有重達千斤的巨型香爐，終年焚燒著大量的金箔金紙。

甚至於挑著大綑的棒香、線香，到這兒焚燒，也有燃燒金箔金紙。我說這已相當落伍，我們正在宣導改良，進香要燒好香，不要如此浪費天然資源，又污染了自然環境，而且像這樣高的山頂，也應該防止意外的火災。他說他也是這麼想，經常這麼說，只是信徒的觀念很不容易轉變。此外，我看到重達幾千斤重的巨型香爐，不知道是如何運上山頂的，大概也是一步一級，花了幾天的時間和許多的人力，才運上山頂，這是信仰的力量，也可以幫著這些搬運工人修行哩！

上天臺正頂的登山道上，不時看到一些工人，爲山上挑運沙子、碎石、水泥、磚瓦等建築材料，以及菜蔬食物，沿路也向香客化緣說：「山上建廟！做功德啦！」也有些人給錢。他們的責任不在於勸募化緣，而是把建築材料及補給品運上山頂，可是他們的收入非常有限。

我問宏學法師：「這些工人能挑幾擔，每擔有多少工資？」

他說：「從山下上來，兩天挑三擔，是論斤計算，每擔可挑五十到一百斤，一天可賺二十到三十元的人民幣。」

對於這些民工來講，已經算是蠻好的收入，如果以美金計算，雖只有三至四元一天，但他們的生活費也相當低。不過我們空手走路上去都很吃力，他們挑著重擔上山，所付出的耐力可以想像，這些人豈不也算是在修行的菩薩呢？

二二、地藏洞．小老鼠

住持宏學法師帶我去參觀金仙洞，也就是傳說金地藏在這兒打坐的山洞。他們告訴我：當地藏比丘在山上修行之時，拜《華嚴經》是在拜經臺，好天打坐是在峯頂，雨天和晚間，就在峯頂下方的洞窟之中，坐禪入定，這便是現在的地藏洞。我先在洞口禮拜致敬，然後也進入洞中打坐五分鐘，體驗當年地藏比丘在此入定的內心世界。在洞口有一位青年比丘來自遠方，擔任守洞的職務，我稱讚他眞有福報，時時可親近地藏菩薩的聖地遺跡，我祝福他早日成道。住持法師教他向我頂禮，他便感激得連連禮謝，口稱「阿彌陀佛」。

住持法師告訴我：「在寺中的比丘，輪流擔任守洞工作。」因此我說：「能在天臺正頂安住的人，都是有大善根有大福德之人，你們辛苦了！」

住持又告訴我：「山上氣候冷，過慣了覺得很好，很能夠攝心健身。白天遊客雖多，也只是從上午九點至下午四點，這個時段比較繁忙嘈雜。早晚都很清淨、寧靜、安定，可以用來看經、念佛、拜佛、課誦、打坐。」所以在山上的這

▲作者進入地藏洞打坐，體驗當年地藏比丘在這裡入定的內心世界。

位住持，對佛法的修持及菩提心，都可以從他的言行中表現出來。

當我們從地藏洞出來，經過「一線天」的景點之前，看到一位青年發現一隻小老鼠，在他腳邊走過，他就不假思索用大腳一踩。我連忙喊住他說：「在地藏菩薩聖地，怎可殺生，你要有慈悲心啊！」

這位青年口中還在說：「這是害物害蟲嘛！」可是已經把他的那隻大腳縮回來。在他身邊的一位年輕女孩也把他拉向一側，並對這位男友說：「阿彌陀佛！菩薩保佑你！」

住持法師連忙把那隻已經踩斷了一腳，好像非常痛苦的小老鼠，用兩手捧起，送向崖邊的草叢放生，我們的團員之中，有一位菩薩稱讚他說：「法師，你眞慈悲。」他的回應是：「眾生都有佛性，將來牠也能成佛。」

在我的心中，這隻小老鼠和那對青年男女應該都是地藏菩薩的示現，爲我們這班人上了生動的一課。

一三、九華山的現在

站在天臺正頂，可以俯瞰九華山全部山景，九十九峯，盡收眼底。因爲它是九華山區的第三高峯，前面說過比它更高的十王峯，其實就在它的左側數百公尺之外。也有不少遊客，到了天臺正頂，就步行到十王峯，我只是遙望，它的峯頂有一座西式建築物，從天臺峯到十王峯的通路，是在天然的花崗岩的稜線上，稍微加上人工的整理和敲鑿，形成若有若無的石級，以利行走。我們由於時間的關係，所以沒有前往參觀。此峯比天臺正頂高出三十六米，但是在遠處看，不容易感覺到它比天臺峯更高。

同時，在天臺峯也可以看到它與古拜經臺之間，有一對蠟燭峯，對於天臺峯來講，就好像是一對蠟燭拔地而起，在菩薩之前點燈供養，特別是峯頂有幾棵虯松，好像是點著的火焰。此二峯的海拔高度分別爲一千二百六十一米和一千二百五十八米，因爲它是兩支拔起的石柱，峯頂面積很小，上面不可能住人。

在下山的途中，遇到十幾位年老的婦人，都在七十、八十的高齡，每個人都揹著布袋，一步一聲佛號，慢慢的互相牽著拉著，同時扶著石級兩旁的鐵欄鐵

▲九華山險崖峭壁，峻嶺奇峯，回首煙雲，曾有「九華八百寺，散在雲霧中」的盛況。

索，向上攀爬，身體都很健朗。我問其中二人，一位已經八十二歲，來自浙江杭州。她們沒有一人是坐著轎子上山的，這眞是令我感動。朝山進香者，應該學學這些老人家的精神。

原來從九華街到天臺正頂，有十多萬階石級，共十五華里，步行四、五小時，它的路線是從祇園寺、化城寺，經旃檀林、通慧庵、回香閣、接引庵、鳳凰松、華嚴洞、慧居寺、吊橋、觀音峯、拜經臺，而到天臺正頂及一線天。現在還有人這樣走法。

也有人從山下的五溪橋步行，經六泉口、二聖殿、甘露寺、龍池庵、山門，由祇園寺先爬上東崖的百歲宮，經老虎洞、文殊洞、小花臺崗，再經蓮臺峯、古佛洞、羅漢墩，而到天臺正頂；從五溪到九華街的祇園寺共四十四華里。

因爲我們乘坐索道的纜車和巴士，從祇園寺前的聚龍賓館，登車至索道站，直抵拜經臺，僅僅由此上天臺正頂要爬坡而已。所以不到五十分鐘的時間，就走完全程。住在天臺正頂的人告訴我，他們到九華街，一天可以上下山兩次，而且並不喜歡去坐纜車，那才眞正有住在山中的體驗了。

過去在九華山極盛期，曾有「九華八百寺，散在雲霧中」的記載，二十世紀三〇年代，尚有一百五十餘所道場，如今全山還有寺院八十二座，散布於九華街、閔園、險峯崖壁之上，點綴於群峯嵯峨之間。我們所訪問的，僅僅是其中的九座而已。

九華山目前的各寺院都傾向於觀光旅遊的服務，以及水陸法會等經營，故在寺院內經營旅館、餐飲業的已有上客堂、祇園寺招待所、旃檀林招待所、聚龍寺招待所、華天寺、肉身寶殿招待所、百歲宮招待所、九華蓮社、拜經臺招待所、天臺旅社等十多家。但是九華山的男僧三百七十人，尼僧二百餘人，除經營旅遊及經懺事爲收入之餘，也有結夏、結冬、打禪七、普請出坡、早殿、晚殿、二時臨齋的過堂等日課。

一四、化城寺

我們從天臺正頂下來，到了九華街，從後街也就是原來的舊街道，進入一片廣場，中央有一個突出地面約一米高而露天四方形石壇，正面刻著三個大字「娘娘塔」的塔基，聽說地藏比丘的生母，從新羅來到九華山，後來出了家，爲了紀念她，所以建了這座石塔。從《地藏菩薩本願經》看，地藏菩薩是孝子孝女，這位地藏比丘也用佛法來報答他的生母。

面對娘娘塔的正前方，就是懸掛著「九華山歷史文物館」橫額的化城寺，導遊人員說：「我們去參觀化城寺。」結果我們所到的是文物館，還以爲走錯了地方。在此文物館中，展示出九華山的歷史人物，以及地藏比丘的傳記壁畫。在文革（西元一九六六—一九七六年）之後，九華山的佛教文物是非常少的，所以我們看到的多是仿製品，而對地藏比丘的傳記傳說，也和歷史有不大相同的地方，因爲那是附和民間信仰傳說的需求而製作的，也是爲了遊客的興趣而設的。

化城寺這個名稱，應該跟《法華經》的〈化城喻品〉有關。此寺的由來，相傳於東晉安帝隆安五年（西元四〇一年），有天竺高僧杯渡來此建庵。此寺與地藏比丘的關係，應該是唐肅宗至德年間（西元七五六─七五七年）的事。這也是九華山最早的一座寺院，到了清朝聖祖康熙年間（西元一六六二─一七二二年），化城寺也是九華山諸寺之中，最大的一個叢林。

民國十八年（西元一九二九年），容虛法師在此寺創辦「江南九華山佛學院」，我的先師東初老人於民國十九年（西元一九三〇年）到九華山，也曾經成為這所佛學院的學僧，當時主持佛學院的是寄塵法師，所以我到此寺，很有感觸。

不過，在一九六八年，全寺佛像、法器全被砸毀，到一九八三

▲化城寺是九華山最早的一座寺院，可惜在一九六八年寺中佛像、法器全被砸毀。

年，國務院批准該寺爲漢族地區的佛教全國重點寺院。也許正因此寺乃是九華山歷史最久的道場，所以文革之後，選中它作爲歷史文物館了。

我正想要問導遊，化城寺現在還有出家人住著嗎？猛然抬頭，便看到有兩位僧人，坐在文物館後進大殿的石階上，好像是在等待什麼人？或者是在看守什麼東西？當地導遊就暗暗告訴我：「請到裡邊坐坐吧！」

原來那兩位比丘是化城寺的監院和知客，聽說還住有五位比丘，佛教協會正在設法把文物館收回，使化城寺恢復舊觀。我送了一份供養，就辭別出來，到聚龍賓館午餐。我們全體人員除了兩、三位外，大概都不知道我曾經眞正的進入了化城寺，並且也見到了那兒的出家人。

其實，化城寺不但是九華山最早的一座寺院，也是九華山現存八十二座寺院中，最早被列爲國家重點保護的寺院之一。

一五、祇園寺

下午二點四十分，訪問祇園寺，其實就在聚龍賓館隔著一條路的對面，坐落於東崖的西麓，也就是九華街的入口處。

現年七十二歲的方丈仁德長老，非常客氣的在山門口迎接，當天上午爲了接待我們，他特別從上海趕回九華山；他是全國政協的委員、中國佛教協會常務理事、安徽省佛教協會會長、九華山佛教協會會長，也是九華山佛學院院長。他是我江蘇同鄉泰州人，聽說臺灣的了中法師，是他的師兄。他到九華山已經四十多年，目前正在籌畫建築一座九十九米高的地藏菩薩銅像，特地把模型請出來要我指教。現在的大陸寺院，對於殿宇的重建、翻修，做得非常積極，也非常快速，他們還要創造這一代佛教徒的文化特色，那就是各大道場、名山、古剎，競相發起建造大佛像和巨型菩薩像。

仁德長老引導我們，從一條雕刻著蓮花圖案的石板通道，進入他的方丈室時，在通道盡頭的石壁上，見到一條一尺多長的白色小蛇，仁德長老首先說：「這個季節還不應該有蛇出洞，開春以來這是第一次，平常在祇園寺很少看到蛇，

▲祇園寺始建於明代，寺內建築鱗次櫛比，現在大都建造了大佛像和巨型菩薩像。

只要不去惹牠，是沒有關係的。」

我說：「在聖地看到的小蛇，就不是蛇，牠是小龍，是三寶的護法；上午在天臺正頂的天臺寺，見到小老鼠，那不是鼠，而是小象，是象徵著九華山讓我處處見到有龍象。」

仁德長老告訴我，目前祇園寺有僧眾十五人，這兒也是九華山佛教協會的辦事處，所以他不僅是祇園寺方丈，也是全山的總負責人，相當忙碌。我看他的面貌似曾相識，就想到我有一位同學，是僑居美國洛杉磯的幻生法師，是泰州光孝寺系統的人，跟仁德長老非常相似，我問他認識這個人嗎？他說他沒有印象。

祇園寺的歷史並不很久，始建於

明代，稱爲祇樹庵，在清聖祖康熙年間（西元一六六二－一七二二年），它是化城寺的東序寮房，到清仁宗嘉慶年間（西元一七九六－一八二〇年），才獨立成爲叢林。當時的住持隆山，在八十二歲時圓寂，三年後開缸，顏色如生，寺僧裝金供奉，而在民國時代，肉身被毀。清德宗光緒三十年（西元一九〇四年），此寺成爲九華山四大叢林之首，民國十四年（西元一九二五年）時，段祺瑞贈額祇園寺「慧日常明」四個字。一九八五年，在此寺舉辦「安徽省佛教九華山僧伽培訓班」。第二年九月，該寺恢復十方叢林制，仁德爲首任方丈。該寺的建築殿宇，是依著山勢層層疊疊、迴旋曲折、鱗次櫛比、氣勢磅礴，爲全國重點寺院之一。此寺的建築群，由靈官殿、彌勒殿、大雄寶殿、客堂、齋堂、庫院、退居寮、方丈寮、光明講堂等九座單體建築物組成。除彌勒殿及大雄寶殿是宮殿式之外，其他均爲民居型式。它們部署在四層的臺基上。各殿不在同一中軸線，乃依地形而建。

臨別之時，仁德長老贈送我一尊一尺多高木雕金裝的地藏菩薩坐像，也跟我們全體團員做了開示，同時還依依不捨的把我們一直送到該寺的山門外。這是我們這趟大陸朝聖行程中，遇到長老級的方丈，而且又待我們如此親切禮遇的少數。我問他有沒有新編的《九華山志》，他說一九九〇年出版過五千冊，現已絕版了；到了當晚八點，不知他從何處找到了兩冊，派侍者送來了聚龍賓館。

一六、旃檀林的大悲殿

下午三點半，訪問旃檀林的大悲殿，其實我們曾經幾度經過這座道場的門前，昨天去肉身寶殿來回經過那裡，今天上午去天臺正頂的出發及回程，也經過那裡。祇園寺是在化城寺東北，旃檀林在化城寺西南，現在的住持是五十六歲的慧深法師，他是仁德長老的弟子，從小就上了九華山，很有魄力，沒有幾年之間，就在舊有寺院旃檀林右側的荒地上，建築了一座仿古、典雅雄偉壯麗的大悲寶殿，殿高六丈三尺，內空，長、寬、高均爲十九米，配合觀音菩薩三個十九日的紀念。殿內供著四面千手觀音巨像，高二丈八尺九寸，現在又建造了招待旅客與信眾的寮房，以及可以供給旅客香客們飲食的廚房及齋堂，還有佛教文化及禮品商店，現在該寺正在準備經常打水陸的內壇和外壇的空間設備及莊嚴布置。同時，他還計畫在旃檀林後邊建一座地藏菩薩大願殿。

慧深法師在年輕的時候，因爲急於開悟而走火入魔，他到山上修行，幾十年都在魔境中，日夜不能睡眠，後來由於觀世音的慈悲，化解了他心中的魔，所以他在四十二歲落髮出家時，首先發願要建大悲殿，來報答觀音菩薩救苦之恩。我們也請他給全體團員在大悲殿前，做了二十分鐘的開示。不過，我們沒有進入旃檀林，也沒有見到他們的住眾。

旃檀林又稱爲旃檀禪林，創於十九世紀之末，它建於琵琶型的山丘之前，有一點像佛經裡所說的南印度牛頭山，該山是以盛產高貴的旃檀樹聞名於世。雖然九華山不產旃檀樹，但是念及印度牛頭山的出產物，所以叫旃檀林，在康熙年間（西元一六六二──一七二二年）成

▲遠望旃檀禪林，建築層次井然，典雅秀麗。

爲化城寺的七十二所寮房之一。一九七八至一九八五年之間，此寺曾經爲九華山佛教協會會址，也被列爲全國佛教重點文物之一。

旃檀林在大悲殿右側，寺內有山門、彌陀及韋馱殿，殿爲兩層樓房，樓上爲西方三聖。殿後西側小樓，爲僧寮及客房。

一七、甘露寺的佛學院

四月二十五日，星期四，陰後晴。

上午八點二十分出發，訪問九華山佛學院所在地的甘露寺。在二十三日那天的上山途中，曾經經過此處，它坐落在九華山北麓半山腰一個山坡之上，那是從五溪上山至九華街的必經之處，在公路左側。二十三日那天，車隊經過那兒時，已看到幾位年輕比丘在那兒做午後的戶外散步。因爲我關心大陸人才的培養，所以指定要參觀九華山佛學院的設施。

我們的車隊抵達甘露寺前，住持寬容法師已經穿黃海青搭衣率領全體佛學院的師生，捧著香案，在大門外的路邊上列隊迎接，然後把我請上大殿，站在主法的位置，舉行歡迎儀式的佛事：唱誦香讚、《心經》、四弘誓願、三皈依、迴向偈，前後二十分鐘。然後把我們請到懸掛著巨幅歡迎橫布的客堂，讓我的出家弟子及在家眾的一些代表，都進入室內，同學和老師們也有部分參與。他們共同主持歡迎會的有四人：該寺的住持，也是佛學院的院長寬容法師、副院長果卓法師、教務室主任藏學法師、辦公室主任開如法師。

▲作者與九華山佛學院的師生合影留念，第二排中央作者右邊穿黃海青的是住持寬容法師。

他們都是二、三十歲的青年比丘，但已非常的成熟穩重，對我十分親切恭敬而有禮貌。寬容法師開頭就說：「一九八八年已經見過老法師，那時我在西安興教寺爲沙彌。」我馬上就問：「興教寺的方丈常明老和尚好嗎？他今年應該是七十八歲了。」他說：「謝謝，他老很好。」

寬容法師首先對我讚歎，接著介紹佛

學院情況，然後報告九華山佛學院的開辦史及十年計畫，構想都非常好。趙樸初居士所主張的三句話，他也向我們重複提及，那就是：「佛教要培養人才，培養人才，還是要培養人才。」這和我在海外所提倡的「今天佛教不辦教育，明天就沒有佛教」是相通的觀念。九華山佛學院開辦於一九九〇年，仁德法師任院長，趙樸初會長特地前來主持開學典禮。現在有三十多位學僧，年齡在十八至三十五歲之間，初中以上程度。他們又帶我參觀壁報、書法展示以及活動照片展示，然後請我在貴賓簿上簽名留言，我只寫了四個字「人中獅子」。接著又要我留下墨寶，我的毛筆字是不太穩定的，有時還可以，有時根本不像字，他們既然誠懇求取，我只提筆寫下了「龍象自期」四個字。接著又要我向同學開示，我僅簡單的勉勵他們：「小龍像蛇，小象像狗，小鳳凰像雞；小的時候雖無威德，畢竟是龍象鳳凰。」而他們正在做學生的時候，都還不像是一位法師，但是他們已經是法師的材料，已經是佛門龍象的後起之秀。像他們的副院長，八年前還是沙彌，現在已是副院長了。

他們告訴我，九華山佛學院的特色是：「學修一體化，學院叢林化。」不放暑假，結夏安居，半月誦戒，早晚課誦、過堂、坐禪。然後，要求我跟他們全體師生合影留念，並且恭送我們到山門之外。

在這趟整個朝聖行程中，訪問了五所佛學院，甘露寺佛學院對我們的接待，是最隆重親切和溫馨的，師生們對我的到來抱著無限的期待。

臨別時向他們要了一份招生簡章以及授課老師的名單，我相信很多人對大陸的佛學院一定也很關心，現在我把其中要點介紹一下：

（一）學制二年，招僧三十五名。

（二）課程設置：

1. 佛學基礎知識、八宗概要（洪如法師）
2. 中國佛教史、印度佛教史（藏學法師）
3.《戒律學綱要》、《沙彌律儀》、《四分戒本》（寬容法師）
4. 遺教三經、《大乘起信論》（心功法師）
5.《菩提道次第廣論》（果卓法師）
6.《六祖壇經》、《金剛經》（開如法師）
7. 唯識、三論（剛曉法師）
8.《地藏經》、成佛之道（心源法師）
9. 淨土要義、《往生論》（恆果法師）
10. 寺院管理、〈行願品〉（延續法師）

11.天臺止觀、叢林規矩（仁德院長）
12.佛學講座（聖輝法師、王雷泉、韓廷杰等）
13.古代漢語（王德鳳教授）
14.邏輯學、哲學、寫作（曹劍南教授）
15.中國通史、中國地理、法學概論（郭希勝教授）
16.外語（金勝華教授）
17.書法、梵唄（藏學法師）

（三）學習期間的生活待遇：

1.學僧食宿由學院負擔安排，零星費用亦適當發給。
2.學院發給一定數量的僧服。
3.學僧可享受規定範圍內的公費醫療待遇。
4.寒假回原籍，憑學生證可享受半價優待票。

（四）畢業後去向及待遇：

1.學僧畢業後，由九華山佛教協會統一分配到各寺院擔任相應的執事。
2.凡留在九華山各寺院工作的，由九華山佛教協會參照普通中學專科學校畢業生的待遇，發給生活費。

造。

3.德才兼備者，可作為師資對象，擇優選拔或保送至國外佛教院校進修深造。

4.畢業生可報考本院研究班。

看他們的課程，在二年之中學習這麼多，我們在海外的讀者，以及關心大陸佛教的人，會感到安慰和歡喜；特別是學生就學時候的生活待遇，以及畢業後的去向及待遇。然而他們的課程只有二年時間，是短了一些，因此，他們正在準備研究班，成就已經畢業的同學繼續深造。

該佛學院的師生，發行一種名為「甘露」的院刊，內容也還有些可讀性蠻高的文章。

佛學院所在地的甘露寺，位於半山定心石之下。清聖祖康熙六年（西元一六六七年），在玉琳國師朝禮九華山時，經過此地即預言：「此地山水環繞，若構蘭若，代有高僧。」

當時，住於伏虎洞的洞安和尚聽了，就在此處動土建設，而且開壇傳戒，成為叢林。此寺也曾有過裝金的肉身菩薩，那是在清德宗光緒六年（西元一八八〇年），甘露寺都監常思法師，九十一歲時安詳而逝，可惜其肉身已毀於文化大革命時期。一九八三年重修建築，至一九八五年完成，先有彌勒殿、大雄寶殿、配殿、寮房。

一八、九華山歷史上的佛教人才

（一）最有名的當然就是地藏比丘金喬覺（西元六九六—七九四年），已在前面介紹過了。金地藏能作詩，唐代九華也出了應物、神穎、冷然、齊己等幾位名詩僧，均有詩作遺世。

（二）其次爲五代的詩僧圓證，曾經住於臥雲庵，主持九華詩社。

（三）南宋時代的大慧宗杲（西元一〇八九—一一六三年）曾經朝禮九華山，並傳臨濟宗旨，根據清德宗光緒年間（西元一八七五—一九〇八年）《九華山志》記述，宗杲圓寂後，九華山尊其爲定光佛，所以歷來的《九華山志》都收有宗杲的〈遊九華山題天臺高處〉詩，現抄錄如下：

「踏遍天臺不作聲，清鐘一杵萬山鳴，
五釵松擁仙壇蓋，九朵蓮開佛國城。
南戒俯窺江影白，東岩坐待夕陽明，
名山笑我生天晚，一首唐詩早擅名。」

（四）明末的性蓮禪師（西元一五四三—一五九七年）在明神宗萬曆十四年

（西元一五八六年），被九華山請爲叢林之主，居於金剛峯，他圓寂之後，憨山德清爲其撰墓誌銘。

（五）海玉禪師（西元一五一三─一六二三年）在萬曆年間（西元一五七三─一六一九年）來九華山，住於東崖摩空嶺，以野果爲食，用舌血和金粉，費時二十餘年，抄寫《華嚴經》八十一卷，圓寂後肉身不壞，裝金供於庵內。明莊烈帝崇禎三年（西元一六三〇年）冊封海玉爲「應身菩薩」，迄今仍供奉在百歲宮裡。

（六）蕅益智旭（西元一五九九─一六五五年）他可以說是明末佛教界著作最多的一位高僧，他於崇禎九年春到十年秋爲止（西元一六三六─一六三七年），只有一年半的時間，住在九華山。在那裡讀了一千多卷的藏經，並且撰寫了《梵網經合註》七卷，以及《梵網經玄義》一卷、《禮地藏菩薩懺願儀》一卷、《性學開蒙》一卷，同時又撰寫了一篇〈壇中十問十答〉。不過在這段時間，過的日子並不舒服，住的、吃的、穿的，都很簡陋艱苦，而且經常害著九死一生的大病。他在九華山的生活情況，除了第四篇中已介紹的，還有如下的記載：

〈四書蕅益解・自序〉有云：「逮大病幾絕，歸臥九華，腐滓以爲饌，糠粃以爲糧。」

〈自像贊三十三首〉有云：「至年三十八，大病爲良藥，高臥九子峯，糠滓堪

▲增建中的拜經臺及大鵬聽經石。

咀嚼。」

〈山居六十二偈〉中有云：「一病五百日，形神竝已枯。緇素偶相値，稱我爲禪癯。」

在〈自觀印闍黎傳〉中有云：「法友信我於舉世非毀之際，從我於九死一生之時。」（此時蕅益大師正住於九華山）

從以上所引的資料可見，蕅益大師在九華山中的生活情況，極端艱苦，但是他還能夠不斷的看藏經、著作、拜懺、持咒、講經，以及與僧俗詩友做文字的開示。像他這樣爲法忘軀，堅貞卓越，不被病苦所屈，不受生活條件影響的出家人精神，都是值得我們學習的。

當時蕅益大師是住在什麼地方呢？根據他的《絕餘篇》第四卷，知道他是住在華嚴庵，以及九子別峯。

華嚴庵就是坐落在現今東崖華嚴嶺頭的華嚴禪寺，又稱回香閣；清文宗咸豐年間（西元一八五一——一八六一年），毀於兵燹，經過幾次的興毀，現在只是一間二百一十八平方米的小庵。至於九子別峯，目前是一座已廢的寺院，原來是化城寺的庵房，建於明末，名爲九子閣。因爲我在日本寫博士論文，就是研究蕅益大師，所以對他在九華山的情況比較熟悉，我對蕅益大師的心境也比較能夠體驗，他對中國近世佛教的貢獻和影響，直到現在猶存。所以我到九華山，雖然沒有親自拜訪他曾經住過的地方，但是我相信許多的場合，我們都是踩著他的足跡在走。

此後，到過九華山的近代高僧，我就不多介紹了，例如月霞、弘一、圓瑛、太虛、虛雲、白聖等大德，都曾朝禮過九華山。尤其是白聖長老，他領導臺灣佛教數十年，他是我靜安寺佛學院的副院長，也是我受具足戒的開堂；他便是在九華山的甘露寺落髮出家，又於祇園寺秉受具足戒。

當天下午，我們就離開九華山返回南京，晚餐是在國際會議大飯店，夜宿金陵飯店。

一九、棲霞山佛學院

四月二十六日，星期五，晴。

上午八點二十分，自金陵飯店登車，前往棲霞山，經過一個小時的車程，到達棲霞山的棲霞古寺。該寺原先的方丈就是焦山的方丈茗山長老，所以對我非常禮遇。共同接待我們的是六十九歲的現任方丈眞慈長老、八十二歲的都監養眞長老、三十一歲的監院淨全法師，另外還有兩位八十歲以上的長老，輝堅和本振。

我們先到大殿禮佛，再至客堂，贈送禮物及紀念品，然後在大殿臺階前，集合了全團的菩薩，請方丈做了簡短的開示，接著由都監介紹棲霞山的歷史以及現況。當時天氣晴朗，豔陽普照，致有部分團員，被曬到滿頭是汗。這是在我們朝聖行程中，站在太陽下聽開示的第二次經驗；上一次是在九華山的大悲殿前，由於夕陽西照，雖不強烈，卻使大家睜不開眼睛。

棲霞山有一所佛學院，名爲「中國佛學院棲霞山分院」，現在有三十多位年輕的比丘在那裡求學。當天他們的學僧正在午齋過堂，沒有機會讓我跟他們接觸，只是帶我去參觀了他們的教室，其設備跟我少年時代在靜安寺佛學院的教室類似，只有一個班級，一個教室；但是他們也培養了一些人才，現在的年輕監院淨全，就是該院畢業的高材生。

根據該寺送我的一本小冊《金陵佛寺攬勝》的資料介紹：文革後，棲霞山佛學院的創辦，應該溯源於一九八二年十一月十五日，設立為期一年的僧伽培訓班；

▲棲霞古寺現任方丈真慈長老（右四）、都監養真長老（左二）、監院淨全法師（左一），在大殿前歡迎作者。

以趙樸初居士爲主任，茗山法師爲第一副主任，圓湛法師爲第二副主任兼教務長，雪煩法師是顧問。招收學生一百八十五人，他們來自全國十八個省及自治區、直轄市，共六十八座寺院。當天既舉行開學典禮，也舉行了茗山法師兼任棲霞山方丈的陞座儀式。到了一九八三年十月，僧伽培訓班畢業，同年便創辦了中國佛學院棲霞山分院。

僧伽培訓班及佛學院的師資群及人事架構，茗山、圓湛、雪煩三人，都是民國三〇年代焦山的住持和當家，也都與我先師東初老人所辦焦山佛學院的人員相關；雪煩是先師的法兄，茗山及圓湛是先師的法子。

棲霞山佛學院於一九八四年正式招生，乃是二年制的中級佛學院；由中國佛教協會委託江蘇省宗教事務局代管，經費也由中國佛教協會撥支；學生的戶籍以及糧油等生活問題，都按國民教育的同等方式處理。

該院主要的教師，除了以上所舉的三位，還有梅冰、安上、關松等人。其行政組織則有辦公室、教務處、總務處三個單位。學生的教育設備，有教室、齋堂、宿舍、廚房、圖書館、閱覽室等。經過十多年的努力耕耘，目前已成爲全國十四個漢語系佛學院中的佼佼者。

學生除了上課之外，每天必須上殿、過堂、坐香、念佛，同時也參加水陸法會和受戒活動；每半月集中誦戒一次，嚴守戒律、堅定信仰。同時也發動學生參加打掃環境、植樹綠化，以及各項公益活動。

兩年中學習的課程，在佛學專業的部分，佔百分之六十至七十，主要的課程是中國佛教簡史、印度佛教史略、佛典選讀、佛學概論、遺教三經、《沙彌律儀》、《四分戒本》、《大乘起信論》、《小止觀》、《八識規矩頌》、《觀所緣緣論》、《教觀綱宗》、《圓覺經》、《瑜伽菩薩戒本》、《梵網經》、《五教儀》、《二十唯識論》、佛教應用文、《大藏經》的歷史及分類、佛教文物知識、國際佛教概況、《俱舍論》、唱誦及叢林基礎知識等。此外，還有政治及文化基礎知識，例如佛教文學、古詩詞、中國近代史、時政、法律常識、統戰政策、宗教政策、英語、日語、中國歷史、地理、會計常識、書法、體育等。

由此看來，在兩個學年的學程中，要讓學生接受這麼多的學科，課業已經夠重了。

到一九九二年底為止，棲霞山佛學院已經畢業的學生，除了僧伽培訓班的一百八十五人之外，已有三屆共一百六十三名學生畢業，其中有六十一人考入中國佛學院繼續深造，也有幾名到斯里蘭卡佛教大學留學，已獲碩士學位回國。畢業的學生之中，回到各自的寺院後，已有六十七人成為管理層次的重要骨幹，擔任各級佛教協會的秘書、秘書長、副會長、會長以及監院、秘書長的職務，也有成爲佛學院教職員的。

佛學院的功能，對於新一代中國佛教人才的培養，相當重要。臺灣圓光佛學院的院長及教務長，也曾經率領一個四十多人的訪問團，到棲霞山的佛學院參觀訪問，交換僧侶教育的經驗。

一九八七年，該院的雪煩和圓湛兩位長老法師，應邀至美訪問時，也曾來到我們紐約的東初禪寺，他們是東初老人的法兄及法子，看到我以先師之名在紐約建立道場，感到相當歡喜，可惜他們兩人已在過去數年內先後圓寂了。這次我到棲霞山訪問，雖沒有機會跟佛學院的師生交換辦僧才教育的意見，能在資料中獲得這些訊息，已算是不虛此行了。

二〇、同鄉法師・千佛巖

棲霞山靠近長江，是佛教名勝，也是風景觀光的旅遊重點，特別在秋天，以滿山的楓葉聞名。棲霞山的範圍很大，在文革後，曾經一度寺院和園林分成兩個部分，現在已經全部收歸寺院管理。

該寺最能夠吸引遊客的地方，除了園林之美，也有佛教遺跡的石雕可看，那就是寺後的石窟造像，稱為千佛巖。

他們的都監和監院，始終陪著我參觀全寺，午齋時，就在該寺經營的棲霞千佛素菜館用齋，並且有三位長老相陪。

接待我們的幾位長老法師，都是江蘇同鄉，談起棲霞山的掌故及相關人物，多半我都熟悉，這有兩個原因：

第一，該寺有一座下院，在香港的荃灣，叫作鹿野苑，那裡的幾位法師，老少三代都跟我有一些友誼，例如明常、月基兩代兩位長老，在他們生前，不僅見過不少次面，還曾有好多次機會在一起盤桓了好多天。第三代的法宗、超塵、悟一、達道等也都是朋友。

第二，臺灣有好多位法師，例如佛光山的星雲法師是在棲霞山出家，玄奘學院的了中法師，是棲霞山所辦宗仰中學的學生。

至於在文革期間及文革之後，棲霞山發生了什麼情況，從我得到的資料中，也略有所聞。因此和他們談家常，好像我也是棲霞山的一分子了。

棲霞山雖然有名，但它的高度只有一百三十丈，周圍倒有四十八華里，寺院殿宇建於山麓。它的地理位置是在南京東北四十華里處，原來叫作攝山，或者稱爲攝嶺。古來有人將攝山和荊州的玉泉山、濟南

▲棲霞山木蒼鬱，風景秀麗，棲霞古寺在雲霧蒼茫中，顯得格外宏偉莊嚴。

的靈巖山、天臺的國清寺，並稱爲天下山水四絕；也有人把它形容爲金陵第一明秀山。古人因爲此山多藥草，可以攝生，故稱爲攝山。

棲霞山的寺院，開創於劉宋明帝泰始年間（西元四六五—四七一年），有一位隱士在山中結草爲庵，居住二十多年；隱士謝世後，僧人法度來此，便以此草庵爲道場，號爲棲霞精舍。

前面所說的隱士他的次子仲璋，與法度比丘，共同發心，在攝山西峯的石壁，穿鑿龕窟，雕造了一尊無量壽佛坐像，高三丈一尺五寸，坐寬四丈，還有兩尊菩薩像，也高達三丈三寸；這是棲霞山石窟造像的開始。後來歷經南齊、蕭梁等各朝，都有增加石窟造像的數量，而成了有名的千佛巖。

有關該寺千佛巖的情況，如今在其巖前，有一塊石碑，說明如下：「千佛巖開鑿於南齊永明二年（西元四八四年），至明朝歷代都有增鑿修繕。現存大小佛龕二百五十四個，佛像五百五十三尊，號稱千佛巖。民國十三年（西元一九二四年），寺僧以水泥塗附佛像，雖失原貌，但仍留存六朝時代遺風。」

所謂「寺僧以水泥塗附佛像」，就是指後來應聘至香港東蓮覺苑弘法的若舜長老。在他住持棲霞山時，不忍佛菩薩像殘缺，所以用水泥塡補裝修，以致反而破壞了古代的藝術作品。從宗教信仰的立場看這樁事是對的；從古藝術的保存來看是錯的。

如果這位老和尚曾經修過佛教藝術的課，就不至於有這樣的事情發生了。可是在那個時代，要若舜和尚修佛教藝術這門課，就相當難了。

二一、三論宗・宗仰

棲霞山在中國佛教史上的重要性，是因爲那兒醞釀出了三論宗。

在法度時代，就有來自遼東的僧朗，以法度爲師，接著就成爲該寺的住持。他精通《華嚴經》以及《中論》、《百論》、《十二門論》的空宗三論，故被尊爲江南三論宗的初祖。

僧朗也被梁武帝尊爲師，故於天監十一年（西元五一二年）派遣僧詮、僧懷、慧令等十人，親近僧朗，諮受三論要義。後來僧詮盛弘三論，他的門下有法朗、慧辯、慧勇、慧布、慧峯等。其中法朗的弟子吉藏嘉祥大師，就是中國三論宗的集大成者。所以棲霞山是三論宗的發祥地。

當時的僧詮，住於棲霞山的止觀寺，據說就是棲霞寺。

臺灣的佛學大師印順長老，學窮三藏而服膺於《阿含》的因緣論及龍樹的中觀學，但他的基礎是奠定於民國二十三年（西元一九三四年）在武昌佛學院，閱覽三論宗的章疏，同年也曾往棲霞山，瞻禮三論宗的古道場，並撰寫〈三論宗傳承考〉；民國二十五年（西元一九三六年），太虛大師也囑其爲武昌佛學院的研究班，指導三論之研究，以此可見，棲霞山也是印老的法源所在。

在陳、隋以及唐太宗貞觀年間（西元六二七—六四九年），有一位智聰禪師住於該寺，受戒的僧俗弟子有三千多人，盛極一時，到了唐末武宗會昌年間（西元八四一—八四六年），殿宇全毀，唐宣宗大中五年（西元八五一年）重建，改稱妙因寺。宋太宗太平興國五年（西元九八〇年）改號普雲寺，到宋眞宗大中祥符元年（西元一〇〇八年）改名棲霞禪寺，到明太祖洪武二十五年（西元一三九二年），冊封爲棲霞寺。

棲霞山雖爲江南佛教古刹，隋唐以下該寺出的人才不多，有資料可見者，明初有素庵眞節，明武宗正德十六年（西元一五二一年）有袁了凡的師父雲谷法會禪師，擔任住持，興建殿宇，廣接四眾。此後直到民國初年，有宗仰上人復興該寺，根據這次在棲霞山所得的小冊子《棲霞山簡介》，對於宗仰上人和該寺的因緣，有如下的介紹：

宗仰上人（西元一八六一—一九二一年）於西元一九一九年來棲霞寺任方丈，他不但精通佛法，詩畫金石也卓然成家。西元一九〇一年在上海，時與章太炎、蔡元培、鄒容等革命名流交往甚深，創辦《蘇報》，鼓吹反清，號召革命。第二年，宗仰被清廷通緝，流亡日本，結識孫中山，曾慷慨傾囊資助革命，孫中山對他甚爲感懷並器重，交誼日篤。當宗仰主持棲霞寺時，立下重建寺宇弘願，他瞭解孫中山對佛教有精闢的見地：「融通攝世間出世間一切善法，甄擇進行，以求世界永久之和平及眾生完全幸福爲宗旨」，對孫先生更爲崇敬。此時，孫中山獲悉宗仰有重建棲霞寺之意，遂率先捐獻銀萬元，作爲歸還早年宗仰資助革命之款，由於孫先生的支持，各方恭賀贊助者雲集，爲棲霞寺的歷史增添了無上光彩。

可見該寺到現在爲止，對宗仰上人的事蹟還是非常重視，因爲目前的棲霞寺，就是重建於宗仰上人之手。

二二、棲霞山的殿宇

雖在文革期間，殿內佛像全毀，殿宇遭到破壞，但是在一九七九年前後，已經重新整修，恢復舊觀，那就是我們這次見到的棲霞寺。

它的建築群是彌勒殿，穿過此殿是一方寬敞的天井，其兩廂爲客堂、齋堂、補助堂。齋堂樓上是多寶閣，收藏該寺文物、字畫及工藝品，我們也上去參觀，稱得上是精品的則很少。

第二進的正面是金碧輝煌、莊嚴宏偉的毘盧寶殿，就是他們的大殿，該殿中央蓮座上，供的是高約五米的毘盧遮那佛坐像，佛像兩側分別是梵天王及帝釋天王立像，大殿兩側供著二十尊諸天，毘盧遮那佛背後是海島鰲頭觀音立像。大殿後門的對面是方丈室，其大門兩側有一幅對聯：「獅子窟中無異獸，象王行處絕狐蹤。」

第三進的東側是念佛堂與貴賓會客室，兩側是僧人宿舍和「渡海大師堂」，此堂是爲了紀念東征日本的唐僧鑑眞大和尚。再上臺階，便是藏經樓，樓下是方丈和尚起居辦事的法堂，布置著不少的書畫和對聯，其中有一幅對子是趙樸初居士所寫的：

「創業溯南朝，想當年，花雨六時，朗公講席弘三論。
分身還故國，喜此日，海天一色，鑒師行蹤重千秋。」
他把棲霞寺最精彩的歷史都寫了進去。

▲棲霞山古舍利塔，創建於隋文帝時代，全高十八點零四米。

緊靠法堂的西廂，是一九六三年日本文化代表團訪問南京時，贈送該寺的一尊鑑眞和尙塑像，所以將此闢爲渡海大師堂，供奉鑑眞大師塑像。依據眞人元開所撰《唐大和尙東征傳》的記載，唐玄宗天寶七年（西元七四八年），鑑眞大師第五次東渡日本，由於迷失航向，漂流到海南島，天寶十年，到達江寧，就是現在的南京，曾經接受當時的高僧靈祐的邀請，至棲霞寺訪問，住了三天，由於鑑眞大師對日本佛教有大貢獻，連帶著直到現在棲霞山也受到日本佛教界的懷念。

我們也在寺內參觀了一座古舍利塔，是五層密簷式，如果加上塔座和塔頂，則爲七級，創建於隋文帝時代，南唐時經過重修，不僅是該寺的重要古建築，也是全國性的古文物之一。此塔全高十八點零四米，底座每邊五點一三米，高零點八米。可見此塔不很高，卻富於很高的藝術價值。它的藝術價值集中在基壇（底座）部位，和第一層的八面雕刻上；基壇雕有龍、鳳、獸、魚、蝦、蟹、鱉之類，或騰雲駕霧，或飛鳴花叢，或出沒山林，或沉浮波濤，形象姿態，十分生動；還有獅子和承托塔身的金剛大力士。但其中的大部分已非原刻，是後來修補的。

二三、寶華山隆昌律寺

下午由棲霞山出發，開車一小時，抵達句容縣的寶華山麓的停車場。因爲徒步登山需要二十分鐘，旅行社人員見我的身體相當虛弱，中午也沒有休息，當全團的菩薩們逐步登山時，便請我上了一輛小型旅行車，繞道開往後山，從產業道路開上寶華山頂，聽說只有十五公里，結果開了二十五公里，讓全團步行的人員，先我而到了隆昌寺後，集合在寺前的廣場念佛，等了我十來分鐘。

隆昌律寺的現任方丈，也就是金山的方丈慈舟長老，很少來寶華山，故由現年七十歲的監院林祥法師接待我們，他很有威儀，只是有點高血壓，行動緩慢，也不主動開口說話，我請他爲我們大眾開示，也客氣的推辭了。他原來是住在金山江天寺，來寶華山才一年，他也是在隆昌寺受的戒，因此就把他受戒時的陪堂戒師，現年已七十六歲的仁淵長老介紹給我。而這位長老的健康情況還蠻好的，現在他是寶華山上碩果僅存的原住老僧，雖然一九四九年之後，曾經離山三十年，看來還是一位很有修爲的長老。

現在該寺的住眾只有二十多位，陪我參觀和說明的，是三十一歲的知客常敬法師，他來此也僅一年，他告訴我，是在廣東的南華寺受的戒，曾在江西廬山的東林寺，修行念佛法門多年。

我們參觀了大殿、銅殿、無量殿、愛道堂（新戒女眾寮）、齋堂、新戒男眾寮、大寮（廚房）以及客堂等。其中的女眾寮是一座四合院二層樓的獨立建築，就在無量殿的左側，位置相當隱密，男眾寮在大雄寶殿的左側廂房，而客堂則在大雄寶殿右側廂房。

隆昌寺的建築，沒有飛簷銅瓦的雕龍畫鳳，都是民居形式的房舍，只是主殿比較高大，齋堂也非常寬敞，一律都是採用一般民居的青磚、青瓦、白牆的建築材料，在樸素簡單中顯出高雅的莊嚴。目前大雄寶殿所供的佛像，是香港

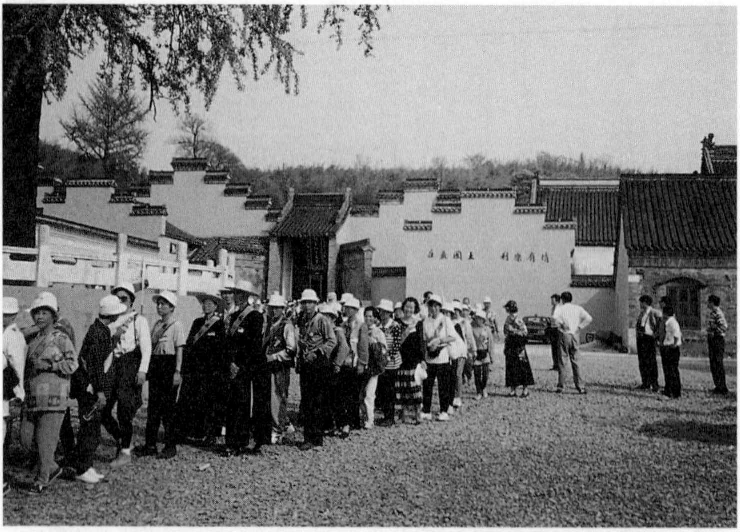

▲從隆昌寺的外觀可以看出民居形式，白牆青磚顯得十分清幽。

大嶼山寶蓮寺所贈的天壇大佛模型，高五點二四米的銅像。

隆昌寺在寶華山的頂峯，可是到了山頂，寺院的殿宇是坐落在類似盆地的大平臺上，到了寺內好像是在平地。它的左右及後方卻被略微聳起的山脊所環抱，向前展望，是遼闊的山巒及平原，這眞是一個非常清幽的修行道場。

從明末神宗萬曆年間（西元一五七三──一六一九年）到民國三十八年（西元一九四九年），大約三百五十年之間，寶華山每年都有春、秋兩期的傳授三壇大戒盛會，而在新戒戒期圓滿之後，還可以留下來參加該寺的結夏安居和結冬安居，實習如律而行的出家生活。民國初年以後，開辦學戒堂，讓年輕的新戒，留在山上專門研究戒律、實踐戒律、體驗持戒的生活。

到寶華山受戒的人數相當多，清末德宗光緒二十六年（西元一九〇〇年），男女二眾的新戒尚有一千二百人，到民國三十四年（西元一九四五年）的新戒也有一千多人。一九四九年之後，寶華山只傳過一次戒。已經好久沒有每年都傳戒了。

然而，在他們客堂前的牆壁上，還懸掛著各式各樣只有律宗道場才有的告示牌，在一塊一塊長方形的黑底木板上寫著金字：「懺摩」、「請戒」、「傳戒」、「說戒」、「背律」、「分衞」、「布薩」、「派坡」、「禱雨」、「安居」、「解居」、「自恣」、

「受迦絺那衣」等。像這樣的告示牌，能夠讓我們感受到，在五十年前的寶華山，所有各項律制生活的風範；雖然它的靈魂已經暫時處於冬眠狀態，而它的規模洪範依稀猶在。因我研究戒律幾十年，在看到這些設施時，既感到親切又感到悲涼！不過佛說世事無常，佛教在印度已經滅亡好幾百年，在中國史上雖經三武一宗等的滅佛毀釋，佛教都還能夠屢仆屢起，而今天的中國大陸，依舊能夠看到許多出家人，以及許多經過重建重修的寺院，比起國民政府統治的時代，受到更多的保護，已經是很不容易的事了。

二四、寶華山的滄桑

寶華山被近代中國佛教界喻爲「律宗第一名山」，位於江蘇省句容縣西北，距南京約三十多華里。始建於梁武帝天監元年（西元五〇二年），相傳寶誌和尚（西元四一八—五一四年）最初在此結庵修行，稱爲寶誌公庵。此山四周有三十六座山峯，形似三十六瓣的蓮花，殿宇的位置，就像坐落在蓮房之上，故稱它爲寶華山，它的最高峯四百三十七點二米，雄踞群山環抱之中。

在寶誌公之後，寶華山的門庭逐漸冷落，直到明穆宗隆慶年間（西元一五六七—一五七二年），才有一位普照和尚來此重整蕭條已久的寶華山，當時山上已經成了狼穴虎窟，人跡不到，由於普照的苦修而感動了四方的信眾，逐漸復興了此山的道場。到了明神宗萬曆三十三年（西元一六〇五年），有一位妙峯禪師，獲得慈聖皇太后的支助，造了銅殿乙座，無量殿兩座，皇帝頒賜《大藏經》及「護國聖化隆昌寺」匾額，這是「隆昌寺」寺名的由來。清聖祖康熙四十二年（西元一七〇三年），頒賜御書「慧居寺」匾額，因此又名爲慧居寺。

在明清時代，隆昌寺原有殿宇號稱九百九十九間半，就它建築群的布局而

▲漢白玉石砌的戒壇高四丈，深三丈六尺。

言，大山門面北而偏東，進入山門之內，左側是戒壇室，右側是大悲殿，戒壇堂高四丈，深三丈六尺，門額上有「佛制戒壇」四字，戒壇原爲木結構，據《一夢漫言》所述，乃係清世祖順治六年（西元一六四九年）由見月讀體律師（西元一六〇一——一六七九年）始建，現已改爲漢白玉石砌的戒壇。

寶華山何時成爲天下「律宗第一名山」，由上述介紹可見，大概是在明末清初之際；在姜明進、張樹民合編《寶華山隆昌寺簡介》稱：「據不完全統計，寶華山律院先後授戒七十餘期。」這數字是不太可靠的，因爲僅僅是一九四九年以前的民國時代，每年傳戒二期，就有七十六屆，何況從明末清初見月讀體律師時代開始，已經經常傳戒了。

二五、寶華山的律統

根據《新續高僧傳四集》所載，寶華山的律宗系統，是始於金陵天隆寺的如馨律師（西元一五四一－一六一五年），他的弟子有性相、永海、寂光、承芳、性祇等；其中的「寂光」，就是寶華山隆昌寺的第一代祖師，稱為寂光三昧律主（西元一五八〇－一六四五年）。此後皇帝賜號「淨智律師」，他的著作有《梵網直解》四卷及《十六觀經懺法》等。

寶華山第二代祖師是見月讀體律師，他先學《華嚴經》，然後到金陵報恩寺親近三昧律師，並且規畫各項的建築設施，後來繼承為寶華山的住持，開壇傳戒，法席之盛世所稀有，受戒者往往有一千多人。當他在七十九歲圓寂時，「荼毘」得五色舍利。他有關於戒律的著作七種傳世：《大乘玄義》、《止持會集》、《作持續釋》、《黑白布薩》、《傳戒正範》、《僧行軌則》；特別是《毘尼止持》十六卷、《毘尼作持》十五卷，已經編入藏經。

繼承見月律主，主持寶華山的，是定庵德基律師（西元一六三四－一七〇〇年），他的律學著作有《毘尼關要》十六卷、《羯磨會釋》十四卷、《比丘尼律本會義》十二卷，其中的第一種，已被編入藏經。

此後，主席寶華山的是珍輝實珠律師（西元一六七五—一七二二年），他最初是學《華嚴經》及《涅槃經》兩部經，受具足戒後，專修戒律，歸心淨土，他的法緣也非常殊勝。他是應閔緣律師所請而出任寶華山方丈。

在《新續高僧傳四集》所收，寶華山近代的律宗高僧，最後一位是文海福聚律師（西元一六八六—一七六五年），他得戒於寶華山的閔緣律師。他在主席寶華山前，曾歷經八載，參叩天童及天目諸寺的禪匠，默印深契，諸方禪家都以肩承正法的龍象相期待，但是他還是以戒律的傳持爲重，所以復上寶華山。當時正是珍輝律師擔任住持，未幾珍輝圓寂，他便繼承寶華山法席，而於清世宗雍正十二年（西元一七三四年）受到皇帝的隆禮，奉召入京，屢承聖眷，討論佛法。他在傳戒期中，曾有一次，戒弟子多達一千八百零九人，極受朝野的尊敬，一時無人出其右者，他輯有《瑜伽補註》、《施食儀觀》、《南山宗統》、《寶華志餘》等著作。

自從清高宗乾隆三十年（西元一七六五年）之後，寶華山的戒律傳統還是繼續存在，但是它的功能僅是每年定期傳戒，燒香疤、跪拜、起立、懺悔、出坡以及日常早晚功課，戒期之外便是放焰口、打水陸，已經沒有眞正弘揚戒律的人了。

二六、還是「律宗第一山」

不論怎樣，在明末清初時代，由寂光三昧與見月讀體兩代律宗大師建立起的律宗門風，直到現在，依舊受到讚揚。所以寶華山還是像它進門處「環翠樓」的門額所題的「律宗第一山」。明末迄於民國三十八年（西元一九四九年）之前，多少的緇素菁英，在那兒秉受三壇大戒及在家菩薩戒。我的先師東初老人，於民國十八年（西元一九二九年）秉受具足戒的戒常住，也就是寶華山。

從見月律師自敘傳《一夢漫言》所載看到，於清世祖順治六年（西元一六四九年）「嚴整律規，始建木戒壇受具。大眾不減三千指。」這是說，從西元一六四九年起，即於寶華山建木質戒壇，傳授僧尼具足戒，當時該寺人數，多達三千。直到民國三十四年（西元一九四五年），依眞華法師所著《參學瑣談》敍述，他的得戒和尚妙柔六十歲傳羅漢期（十八天）具足戒，「一次曾開了二十多堂，一堂約六十人。」也有一千二、三百人。在此三百年的過程中，每年傳戒兩期，便是六百期，每期僅以四百人計，也有二十四萬人次了，其中當然不乏龍象之才。

《參學瑣談》一書告訴我們，寶華山的戒師，態度非常冷峻，極有威儀，也極度嚴格，經常穿著黃海青，手中不是拿著楊柳條，便是擎著格栓子（小木棍）。只要新戒有一點差錯，隨時都可能挨打。眞華法師的形容是：「我生平接觸的人物中，最不講理的、最冷酷的，莫過於寶華山戒期裡面的引禮師，他們對新戒的態度是『有理三扁擔，無理扁擔三』。也就是說，他們打了你，罵了你，你有理也好，無理也罷，你只有念『阿彌陀佛』的份兒，絕對不可以辯白。」目的是要新戒們「把一切的習氣、毛病收起來，行、住、坐、臥，一切的一切都聽引禮師父們的招呼。」

類似的風格，也不是沒有用處，只是太過苛刻淩厲，叫許多人感到吃不消，甚至產生怨怒的現象。此在《參學瑣談》中，亦有看法：「寶華山的引禮師們，雖然對新戒們的態度近乎野蠻，但規矩叫出卻不馬虎。他們在四威儀中，時時處處，都能做新戒的榜樣，爲新戒的良導；稍有善根的人，在一個戒期中確能獲得不少法益，儘管所學多是偏於形式戒相的，而在住持佛法方面來說，其功仍不可沒！如果再能夠去發揮戒法、戒行的眞義，『律宗第一山』的美名，寶華山實當之無愧。」

眞華法師對於在寶華山受戒期間的情景，描述得相當詳細。新戒們如何小心翼翼地進堂，如何「如臨深淵，如履薄冰」地過完一共五十三天的戒期，如何出坡到山下來回走三十六華里的路去挑菜，平日還得下山挑米、挑水。如何每十五天才有一餐乾飯吃，每餐吃粥時，沒有新鮮菜，只有一撮子又臭又酸的鹹菜。每天如何一大早起床，上殿時間特別長，如何於三壇正授時「跪沙彌、打比丘、火燒菩薩頭」。最難受的不是「打」和「燒」，而是「跪」。每堂佛事都要跪在大殿前丹墀裡的大麻石塊上，一次最少兩個小時。最後眞華法師的評語是：「寶華山的引禮師們威儀都很好，教規矩也很認眞，就是太過於嚴厲，嚴厲得近於殘酷，使受戒的人，怨恨心多於敬畏，仇視念勝過感激。」

而且在那本書中，也提到當時寶華山另有兩大問題：第一，堂內和堂外的僧眾執事之間不和諧。第二，住寮房的上座老戒們，都有燒小鍋子的陋規，大眾的飲食極差，住寮房的上座們不與大眾同甘共苦。因此，律宗的家風便大打折扣了。對戒期中的新戒雖嚴格，平常的老戒住眾，未必見得事事如律如法。

不過，凡是一個出家人，能到寶華山求受具足戒，又能在求戒後住於寶華山，漸漸地成爲引禮師、悅眾師，而當過一期維那、開堂大師父，他的四大威儀、簡單開示、佛事唱誦，都已是非常傑出的了，一般的寺院，都會爭取他去擔任住持，弘化一方了。我在大陸時，就親眼見過幾位在寶華山擔任了開堂下山的方丈大和尚。他們在佛法的義理及禪慧的修爲方面，雖無多基礎，堂堂的僧儀僧相，也能化眾攝眾。所以我們應當肯定寶華山，還是「律宗第一山」的。

因此，我於這天下午，勸勉我們全團的僧俗四眾，在寶華山隆昌律寺的大殿前廣場花崗巖塊石板上，短短地跪了幾分鐘，並且要求大家體驗一下古大德們建立規矩、執行規矩、接受規矩，磨鍊薰陶的內心感受。我告訴大家，我深深感到遺憾，未能有福報來到寶華山求戒。但願寶華山的律宗門風重現於世，存其菁而汰其蕪，改革其過分而增益其不足。則佛門的龍象人才，便可成群結隊的遊化人間了。因爲戒定慧的三無漏學，是整體佛法的骨幹，其中的戒律，乃是我們由人成佛的基礎。

在此受戒學戒，接受薰陶的感受。

當天在參觀大

寮廚房陳列的千僧鍋時，我要陳照與菩薩跳下鍋底，一則讓大家看看此鍋有多深多大，二則要陳菩薩象徵著發心以身心盡形壽供養三寶；這使他非常感動，也使大家相當羨慕，因爲那種千僧鍋是不許有人跳進去的。在當年它不是陳列品，而是實用物，一次可煮十三石米的飯，飯頭師用的鍋鑊子，每隻都達五、六十斤重，一鑊子就有二十五人份的飯。至於當初的寶華山律宗道場規制是如何建立起來的？可以找到見月律師的自敍傳《一夢漫言》讀幾遍，必定也會受他的苦心所感動。

▲聖嚴法師請全體團員以跪姿體驗古大德們

下午四點半，從句容的寶華山前往鎮江，經過丹陽、丹徒，進入了鎮江市。

因爲鎮江距寶華山不遠，加上那一天的行車路況很好，所以不到一小時，便抵達了鎮江市的鎮江賓館。

在晚餐桌上，施建昌居士宣布明天晚上要到南通，後天到蘇州，我們的大件行李將直接由鎮江運到蘇州，每一個人各帶一天的衣物，置於隨身行李包中就夠了。

二七、焦山定慧寺

四月二十七日，星期六，陰。

上午八點十五分，由鎭江賓館乘車出發，前往焦山。車程只有十五分鐘就到了碼頭，那是焦山對岸的象山腳下，本來預定分乘二艘渡輪，渡過約一公里寬的水面，結果特別給我們一艘大型的渡輪，一次全體過了江。

從象山這邊隔著一水望焦山，是在煙雨濛濛中，一九八八年我第一次來的時候，也是這樣的天氣，也是這樣的景色；所不同的，現在除了渡輪作爲交通工具往返之外，多了渡船，還有只能乘載二、三人的小型快艇，對年輕人來講，相當刺激。因爲江面水域不寬，如果直線航行，只需一、二分鐘就到了對岸，而這些快艇爲了滿足遊客的興奮和刺激，在江裡兜了一個大圈子，才航向對岸的碼頭。這是我在上一次來時，沒有見過的旅遊設施。

我們在渡輪上，向後看是象山，它就像是一隻趴在地上，伸長了鼻子的大象；向前望是焦山，相傳「金山山包寺，焦山寺包山」，所以只看到山光水色，看不到寺院建築，而且長江的泥沙非常混濁，焦山的上游和下方，沙灘面積越來越大，看起來幾十、幾百年後，焦山也會登陸，跟象山的陸地相連接。

我們在焦山的寺外碼頭上岸，步行約五分鐘，就到了定慧寺前。方丈茗山長老穿黃海青、搭紅祖衣，率領全寺老少僧眾在大門外列隊迎接。他是我的師兄，也是今天中國大陸長老之中數一數二的高層領導，已有八十四歲高齡，他以這樣隆重的禮節接待，好像我不是師弟，而是一位年高德劭的長老貴賓了。

見面時我就對他說抱歉、感激、慚愧；抱歉的是，不許我們有任何宗教儀式，所以不要說披衣，連海青都沒穿，這對年長的師兄是非常失禮的；感激的是，茗山師兄以這樣的高

▲焦山定慧寺茗山長老（右二）禮請作者對大眾開示。

齡，還親自以隆禮接待，使我畢生難忘；慚愧的是，雖然在海外努力了幾十年，不要說對大陸的佛教沒有貢獻，對焦山沒有幫助，就是對海外的佛教所做的也是不多。

他連連的說：「我能瞭解，不要客氣，是應該的。」我說：「眞不敢當！」接著，就把我們引到大殿禮佛，舉行迎賓大禮，由我和茗山長老站在大殿中央，共同主法拈香，維那舉腔，大眾一起唱誦。儀式內容是：唱香讚、頌《心經》、唱四弘誓願、三皈依，以及「願消三障諸煩惱」的迴向偈。

在儀式進行過程中，使我感覺到這眞是先師接法、弘法、傳法的道場。雖然我是東初老人的剃度弟子，茗山長老是傳法弟子，他卻口口聲聲對我以師兄弟相稱，應該說我是回家了。雖然我不會回到焦山來住，但是先師的舍利塔就在焦山，好像我是回到了先師東初老人住世時代還在焦山的那個情況。我的僧俗四眾弟子之中，也有好多位感到稀有難得而熱淚盈眶。這是我這一次在大陸朝聖行程中，所遇到接待禮儀最隆重的兩個道場之一；另外一次就是前面所說，在九華山的甘露寺。

二八、茗山長老

這一次我去中國大陸訪問，南京的宗教局對我不太熟悉，恐怕我帶了三百人的團體，會爲大陸造成負面影響，會做出什麼不利於中國大陸的事來。其實我是一個非常單純的出家人，不論在臺灣、日本、美國，在世界任何地方，我都會愛那個國家、愛那個地方，而且，正在普遍推廣著「安心、安身、安家、安業」的四安運動。

畢竟茗山長老前年也到過臺灣，參觀了我們農禪寺，對我是瞭解的，也是放心的。這一次我到焦山定慧寺，他沒有任何顧忌和戒心，大大方方隆隆重重的接待我；茗山長老眞是一位開明、慈悲、有智慧的人。

在焦山，我請茗山長老爲我們大眾開示，除了佛法，他沒有談其他的私事，而且簡短有力又有用，開示如下：「有戒就能生定，因定就發慧，有戒定慧就能解除我們的煩惱。煩惱解除了，我們業障就消除了；業障消除，我們就能夠超離這六道輪迴的生死苦海，就能夠達到解脫。希望各位精進勇猛，除一切的惡行，修一切的善法，普度眾生，同成佛道，謝謝各位！」

接著，他又將焦山定慧寺的歷史，爲我們做了簡介，同時強調焦山的歷代祖師，都是弘揚佛教，而又有高度文化水準的高僧。就拿近代來講，智光老人專精華嚴，他是太虛大師的同學；東初老人有許多著作；圓湛、雪煩等都很傑出；茗山長老他的佛學文學，造詣也都很高。所以歷代的文人雅士，都喜歡來遊焦山，而且留下他們的墨寶；因此而有焦山的碑林，就是它的特色，那十萬多塊的碑刻，是從六朝經唐宋而到明清各代名家的書法。

他又向我們介紹焦山的古樹，最古的是一棵六朝松樹，其次有銀杏、柏樹、槐樹、楓樹都很老。焦山在江中心，就像一個仙島，空氣非常新鮮，風

▲作者到祖師塔院，掃塔上供。

▲作者與茗山長老在前往祖師塔院途中休息。

景非常怡人。

茗山長老又說，他今年已經八十四歲了，不過精神還好，常有人找他過江去講經、開光，夠他忙了；但是，他能忙裡抽閒的修行，所以「道心不會退，信心不會退」。這兩句話，倒是我們應該學習的；一個有大菩提心的人，只要是爲佛法爲眾生，怎麼忙怎麼累，也不會退失信心和道心的。

我們在客堂贈紀念

品和供養之後，茗山長老親自陪我到祖師塔院，掃塔上供。他說他已經很久沒有上去，先把幾件較厚的衣服脫下，然後陪我一起慢慢的拾級而上，到了半山腰的祖師塔院。這是我一九八八年回來，拜託焦山常住代我建的東初老人舍利塔。

現在已有三座同樣模式的石塔，除了東初老人的，還有智光老人以及智老的師父吉堂老人的，唯有東老和智老的石塔背面，有石刻的傳略，吉老的則是一片空白；我問其原因，茗山長老說：「事隔兩代，相距半個世紀以上，誰都沒有見過，事蹟不明，無法著筆。」

在塔院中，已經準備好供菜以及點燃了香燭，而且有十多位僧眾和七、八位居士，由維那率領在塔院內排班等候。儀式還是由我及茗山長老共同主法：拈香、唱爐香讚、頌《心經》、〈往生咒〉、〈供養咒〉等，歷時二十分鐘；這是我這趟來到焦山的主要目的，只是沒有想到勞動了方丈及許多僧眾。

雖然東初老人遺囑交待，不要爲他起塔。但是爲了讓後人瞻仰，並紀念他對焦山以及現代中國佛教文化的貢獻；不論是對焦山的子孫和海外的子孫，都有這個必要。我們回來，是感謝焦山曾經出了這樣的一位方丈，把法脈伸展到了海外，乃至於國外。就像釋迦牟尼佛在印度應世後，有很多的高僧大德把佛法傳到了中國，後世的中國佛教徒，要回到印度去朝聖巡禮。而中國高僧把佛法傳去日本，後世的日本佛教徒，也常回到中國的祖庭及祖蹟巡禮。

從塔院下來，我請茗山長老先回寮休息，而我帶著團員在山上幾個景點參觀；在這過程中，我們經過了焦山的碑林。

因爲時間已不早，必須離開焦山而往金山用午餐，我不希望再打擾茗山長老，準備不告而別。想不到他已經脫了海青，坐在山門口，靜靜等候著爲我們送行，而且一路堅持著要送我上船。到了渡口，看著我已經登船，他還是站在岸邊堅持要看著我們的渡船解纜起錨開航。可是，我們一共三百人，成一路縱隊一個個上船，也要等上七、八分鐘，而且這時候的江口，已經在颳著冷風，飄著微微的毛雨。他好像對我既不放心，又是依依不捨，結果讓我折回岸上，硬拖著他先回寺休息。

面對著這位老人，我的心中產生兩個念頭：第一，茗山長老能夠在中國佛教界受人尊敬，絕對不是偶然的，他這種厚道的友誼和誠懇的堅持，實在令人難忘。第二，我們到處參訪學習，不僅僅是爲得到一些浮光掠影的知識和見聞，應該要學的是茗山長老這樣寬大的心胸和誠摯的態度。如果學佛之人，連人的基本心態和禮儀，都不能讓人心服口服，那還談什麼上求佛道、下化眾生！

關於焦山的歷史和歷代的法系，已經在我的《法源血源》之中介紹過了。曾在焦山佛學院讀書，後來到了臺灣的法師，則有星雲、煮雲、悟一、蓮航、廣慈、雲霞等諸人。

二九、金山江天寺・禪堂

上午十一點四十分，抵達金山江天寺的山門，現年八十四歲高齡的方丈慈舟長老，已經穿黃海青佇立於山門之外，等候我們的來臨。我們先到大殿禮佛，向方丈禮座，然後，我爲隨行大眾介紹慈舟方丈：「這裡是金山江天禪寺，昨天我們在寶華山沒有見到方丈，其實那邊的方丈就是這裡的方丈，金山的方丈兼任寶華山的方丈，這位方丈是誰呢？就是現在站在我們前面的慈舟長老。」

接著慈舟長老也做了簡短的開示：「各位法師、各位居士，榮幸歡迎聖嚴法師率領諸位到我們金山寺。因爲這裡是禪宗道場，而聖嚴法師是精通經藏的禪師，要我向你們講話，眞是不敢當。」

緊接著，他介紹了金山寺的修建工程，以及政府是如何支持和補助了金山寺的重建工程。從民國時代一直到現在，慈舟長老已在金山寺辛苦幾十年，其中主要的殿宇，幾乎已全毀於民國三十七年（西元一九四八年）的金山大火，重建完成到今日的規模，要付出多少的苦心和毅力，可想而知。現在金山寺的盛名和它的建築，已經超過民初時期乃至抗戰勝利以後的階段。雖然過去以禪修的特色，聞名全國，現在則是以它的建築風景和素齋之美，享譽海內外。目前，金山也有禪堂和佛學院，但是已經不如全盛時期了。

方丈也帶我們參觀了金山的禪堂，看到有幾位老修行在那兒打坐，八十九歲的首座養廉長老，非常客氣的要我坐他的位子，方丈卻要我坐進禪堂正後方那個方丈坐的「維摩龕」裡

▲金山江天寺的禪堂普世聞名，出過不少大徹大悟的人。

去。我說：「那怎麼敢當，否則豈不是喧賓奪主嗎？」

養廉首座說：「你的師父東初法師，曾經跟我同住過，我跟他蠻熟的。」

方丈和尚又說：「東老曾主持焦山，他的徒弟來主持金山，有何不可？」所以，他期盼我能到金山禪堂主持禪七，乃至接任方丈。當然，金山的禪堂普世聞名，而且歷久不衰，出過不少大悟徹底的人，如果我能在這樣的地方主持禪七，應該是很有意義的；但是以我現在的情況而言，很少有此可能；至於接任金山方丈，那就更加不可能了。

接著，我就在首座和尚的班首位子上，盤腿坐了幾分鐘，方丈和首座也陪著我坐了一會兒，讓我體會一下在金山禪堂打坐的感受。禪堂內最多只有四十七個位子，每年都有方丈和尚主持禪七的修行活動，目前在慈舟長老座下，能夠主持禪七的接班人，已有兩位。

目前金山佛學院有三十多人，在前一屆的畢業學生中，也有留下來當老師的。目前年老的僧眾，越來越少，年輕的僧眾多半是從佛學院培養起來的，由最近編印的《金山寺》畫冊所見，該寺的水陸法會、放焰口、上殿過堂、禪堂打坐以及禪七，多半是由這批年輕學僧來擔任主要角色。

我對金山的人文地理和歷史背景，以及它的殿宇建築，都已在《法源血源》

那本書中做了介紹。至於金山禪堂之所以有名，是因為出了幾位傑出的高僧，例如在南宋高宗時代（西元一一二七—一一六二年），有圜悟克勤禪師在金山的禪堂，鍊眾選佛，曾有一夜，共計一十八人同時大悟，因此，金山的禪堂稱為「大徹堂」。

上回慈舟長老送了我一冊他自己所編的《金山名勝古蹟史略》的油印本，這次另外送我四冊線裝的《新編金山誌》，也是慈舟長老主編，另由徐巧道編纂，編輯委員包括慈舟、養廉、夢初、徐巧道、心澄等五人，經過十年的時間，完成於一九九三年，這部金山新誌的內容是：

卷一：包括形勝、山名來源及沿革、金山寺主要建置、金山寺主要古蹟古物、碑記、塔銘、金山寺史簡述。

卷二：包括祖堂歷代淵源法次席位、歷代高僧、臨濟下四十世至四十七世系統表。

卷三：包括歷代撰述金山志作者簡介、金山寺第一部專志、歷代志書序、金山志略緣起、文摘、隱儒續金山志考異鈔錄。

卷四：包括歷代詩選、金山楹聯集、詩話。

此志第二卷，告訴我們，金山開山第一代，是六祖惠能大師下第三世的靈坦禪師，第二代是裴頭陀法海禪師，也就是《白蛇傳》中那個招致白娘娘發動水漫金山寺的法海和尚，其實他是唐朝末期的人，是唐宣宗時代（西元八四七—八五九年）的名相裴休的兒子；而《白蛇傳》的故事起源於南宋，完成於明末，其間跟裴頭陀法海和尚的年代，相差八、九百年。只能說那是小說家虛構的故事。

至於禪宗在金山的法系，是從南嶽懷讓之下第十世瑞新禪師開始，那時已經進入宋代。然後直到南嶽下第二十三世傳爲臨濟正宗文海拙庵禪師，此後都是臨濟宗下的法脈。目前的方丈月濟慈舟禪師，就是傳承臨濟宗下第四十七代，可謂淵源流長。中間從唐末到宋的傳承不明。在《金山志》中有傳記可查的，自靈坦起，有裴頭陀法海、瑞新、曇穎、懷賢、了元、枯木、克勤、了心、寶印、道月、幼聰、長溪、行海、天笠、明銓、常清、妙善、眞濟、清耀、清登、顯慧、顯諦、顯鏡、顯然、密源、密傳、密法、密藏、印開、印修、印觀、印徹、印楞、惟一、惟道、惟光、心然、心慶、月濟，共計四十位。其中在宋以下直到清末爲止的金山僧侶，被收錄在《新續高僧傳四集》的人數不多，在其〈義解篇〉中，僅有三位，是北宋時代的梵臻，清代的通問及超樂；〈習禪篇〉中只有二位，清朝的實徹和大定；〈興福篇〉只有一位，明末的洪肇；〈雜識篇〉僅有宋朝的懷賢一人而已。在佛教史上，影響力方面非常傑出的是了元佛印、圜悟克勤、別峯寶印、大曉實徹等諸位禪師。

當天下午一點，我們在金山佛印居素菜館過午用齋，然後在金山上下巡禮一匝。最後由慈舟、養廉長老，以及他們的監院，把我們送出山門，遂於下午三點左右，登車離開了金山。

三〇、張家港會晤俗家親人

從鎮江到張家港，有一段蠻長的路，行車需要三個半小時，不過目前已經開通一條四線道的大馬路，這與一九八八年我回來經過這條路時大不相同，曾經遇到過被堵塞的情形，並沒有再發生。這條路新近拓寬沒有多久；道路兩邊的景觀也跟八年前不太相同，那時候還有些草屋的農舍，以及一些堆成饅頭型或者山峯型的墳墓，現在都不見了。而現在的農舍都是一層或兩層的磚瓦建築。

我們抵達張家港，已經是傍晚六點，當天晚餐的地方是馨苑渡假村。安排這一站的目的是要讓我會見我俗家的親屬，這是委託亞星旅行社代我聯絡，也代我在這家飯店，爲俗家的大大小小，準備了另外一個房間。我剛下車，就聽旅行社人員說：「師父的家人已在裡面等候。」但是在我把全團人員送到那家渡假村的一間大餐廳之後，回過頭來，發現我的俗家親人，一大群都在另外一個門口的廊下等待見我；也就是說，飯店還沒有給他們安排座位。

還算好，飯店的服務人員相當合作，臨時要他們打開一間比較小，但是也能容納五、六張桌子的房間，我就招呼他們一起入內就座。

▲作者的俗家親人：大哥張志元（右三）、二哥張志明（右一）、大嫂（左一）。

這些親人，雖在八年前都已見過，只是印象不深，這次再度會面，還是只能認出幾位老一輩的人，也就是我的大哥張志元、二哥張志明、二嫂，以及大姐家的兩個外甥女黃芸蘭、黃蓓蘭，大外甥黃成章，其餘的我都叫不出他們的名字。他們有的叫我叔叔，有的叫我小伯，有的叫我小娘舅，有的叫我叔公，有的叫我舅公，甚至已經有了很小的重孫。上次回去，我已勸勉他們，別再用俗家的稱呼來叫我，應該一律稱「師父」、「師公」，同輩的叫我「法師」，但是他們都已忘了，除了我的二哥張志明以及住在狼山的小外甥黃成佳，已經學佛、看佛書、念佛號之外，其他的人都還沒開始。

這次回去，同輩的親人之中，已有兩

位在這幾年中過世了！那就是三哥張志道、大姐夫黃瑞琛，其餘的人這次見面，跟八年前也不大一樣，大哥、二哥已沒有那麼激動，彼此間都流露喜悅、親切、溫馨、欣慰。今（一九九六）年八十四歲的大哥沒有流淚也並不感覺蒼老；七十八歲的二哥還是那麼硬朗，連頭髮都沒有白多少；那些晚輩們和我之間，沒有那種生澀的陌生感，不過由於分桌坐著，未能跟我同坐一桌，相互間仍有隔著一代、兩代的距離感。

三一、缺席的那一房

在餐室裡大家入座之後，發現三哥的一家人，全部缺席，我正覺得奇怪之時，大哥告訴我：「弟弟啊！上海他們發生了什麼事，你知道嗎？老三過世不久，他的女人就另外嫁人了！」

我問：「三嫂不也是七十來歲的人了？」

二哥接著說：「她那一個開麵店的家，因爲馬路要拓寬，不知搬到那裡去了。」

那是說，三哥在世時，坐落在上海南市區南車站路的一間房子，已經拆遷了；三哥過世，三嫂改嫁，他最小的兒子本來跟他同住，也已結婚獨立去了，那是我一九八八年到那兒訪問過的，並且也跟這一房全家人合過影的地方。令我想不通的是，生養了四男一女，個個成家立業，而且是一位已屆古稀高齡老婦的人，怎麼還會找個老伴改嫁，是兒女們不照顧她嗎？還是說，另有原因？總不至於現在中國大陸的文化就是這樣罷！

大哥又說：「老三大女兒的男人也害癌症死了，現在也不知道搬到那裡去了。」

那是指的三房的大姪女張洪芬，上次回去，我也到過他們的家，而且夫婦二人帶著女兒到我駐腳處的玉佛寺，贈送我一袋柳橙。

那時，三房的大姪兒張家生，還特別向他的服務單位請了兩天假，從頭到尾爲我在上海的行程中擔任拍照工作，我回美後便收到他寄來的一冊「攝影集」；當我於一九九一年第二度回大陸時，雖然沒有返回俗家探親，可是從蘭州飛到廣州，一下飛機，就見到了三房的兩個姪兒張家生及張雲飛，第二天，把我們送到廣州車站，等我出了海關檢查站，兄弟兩人才回上海去。這一房人的第二代明明都有住址，怎麼可能一下子全不見了呢？就是到了去年一九九五年八月十九日，三嫂王蘭英還寫了一封信寄到美國，說是我託在家弟子盧惠英居士，在八月十七日給她匯去的二百元美金，已經收到，不過在信中告訴我：「我房屋搬了，下次通訊請寄中國上海南市區的新肇周路。」

這幾位老人家之間，究竟發生了什麼不愉快的事？我已沒有時間去探聽，否則怎麼可能與三房那一族的人全部都斷了音訊呢？

不過也很難講，這個家庭的成員，本來都已各自獨立，很少來往，如果父亡母改嫁，便會失去凝聚的中心，要聚集他們可就難了。對於一個家族的向心，父亡母改嫁，要比父母雙亡，具有更大的傷害！

另外，二房的大姪兒張裕生，這回也未見到。他是最早跟我寫信非常詳細報告家鄉情況的人，五年前，還到紐約住了幾個月，希望在美國找到發展事業的機會，結果由於人地生疏，加上語言不通，每天除了閒逛馬路，就是在房裡睡覺，所以破碎了他在美國發展的美夢。二年前，他又到香港謀求發展，也未能找到門路。原先他指望我助他一臂之力，在這方面可以說他是問道於盲，我不懂做生意，也不便介紹生意。本來他在張家港市已開了一家電器交通五金行，雖係小店，卻也經營得有聲有色；他從美國鎩羽回大陸後，一度也做得信心十足，當到一家通用機電設備公司的總經理，但是沒有多久公司解散，他去了一趟香港，回家之後就失蹤了。

我問二哥：「裕生現在何處？」

他回答：「不知道，跑掉了！跟他女人也離婚了，留下一個十七歲的孫子讓我照顧，今天也在這裡。」

我是出了家的人，關於俗家的人與事，也不想知道的太多。

三二、我自己的家

在用餐之後，由我的二哥安排，三十來位晚輩，逐一列隊到我面前向我請安，跟我介紹，我除了給他們一人一個稍微大些的紅包，也贈送他們每人一條水晶觀音菩薩像的項鍊，祝福他們健康平安。

上回俗家探親，我給他們的見面禮每人只有十元人民幣，以常情來看，似乎顯得非常寒酸，因此有一位張國英老居士，讀到我於《法源血源》中寫著「我的禮物是佛法」，頗為我的俗家親人感到失望，便布施給我十萬元臺幣，要我匯給俗家；這回去大陸出發前，也有兩位居士布施給我若干美金和臺幣，指明給我俗家親人結善緣。他們知道我不會把供養三寶的財物，錯了因果挪來接濟俗家，所以指定專款布施。

然後我跟他們做了二十多分鐘的談話，報告我在海外的情況，我告訴他們這幾年來，雖然只回家鄉一次，可是回到中國大陸，這已是第四次，我曾到過西南、西北、華北、華中各省，除了西南和西北地區的人民生活條件還比較落後之外，其他地區，特別是江蘇省，已經跟臺灣相差不多了。就是我生活在美國，也是過得非常節省簡樸，我住的房間，除了一張書桌及幾架書櫃，連一張床鋪都沒有。這一次我看到張家港的各項建設非常進步，聽二哥說，原來的草屋，也已經改爲磚瓦結構的小洋房了，使我感到非常的安慰和歡喜。

我又告訴他們，這次回來，雖然三哥和大姐夫已經往生，我已在臺灣及美國，爲他們做了幾次超度的佛事。經過八年，再度回來，大哥已經八十四歲，二哥也七十八歲，看起來還是非常健康，我今（一九九六）年六十七歲，比起大哥、二哥的健康情況，好像我已有八十歲了。大哥走路和坐著時，腰幹筆挺，我已有些駝背；二哥的頭髮未禿未白，我的頭髮不僅像霜，幾乎快要成爲全白的雪了。我爲兩位老哥的健康長壽，祝福祈禱。

兩位老哥常常擔心著我這個出了家的小阿弟，在外沒有人照顧。其實健康的人應該時常想到去照顧他人，不要寄望他人來照顧你。我現在都在做照顧他人的事，所以還不會覺得需要他人來侍候照顧。

接著我又問他們：「出家無家處處是家，這句話聽見過嗎？」我這一生，到過許多地方，覺得每一個地方都是我自己的家；我在中國大陸，我愛中國大陸；我在臺灣，我愛臺灣；我在日本，我愛日本；我在美國，我愛美國；我在英國，我愛英國；我到任何地方，就會愛護那個地方，所以到處也會遇到肯接受我的人、協助我的人、照顧我的人。

此時二哥插進來一句話：「那是已經無我了。」

我說：「二哥能夠懂得『無我』，那就是佛法，很不容易！」

我又說：「其實，我很慚愧，例如今天回家鄉，見到親人，我還是體會到，這是度過我童年時期的家鄉，你們是我的親人，在我的身體裡邊所流的血液，跟你們身體裡面所流的血液是同根、同體、同源的東西。」

最後，我還告訴他們：「今天見面，我贈送的禮物，並不值多少錢；最值錢的，是我的祝福，奉勸大家要經常多念『南無觀世音菩薩』，那是世間上最有用的。」

▲作者和俗家親人合影留念，大哥張志元（左一）、大嫂（右一）、二哥（右二）。

結束的時候，我又叮嚀大家：「經常要把觀世音菩薩的項鍊掛在身上，保佑你們。從今以後，不要再叫我俗名以及俗稱，那要叫我什麼呢？」

二哥說：「聖嚴法師。」其他的晚輩都說：「叫師父、叫師公、叫師祖。」

我說：「嗯！對了，下次見面不管在什麼地方，千萬不要再叫我小伯、爺叔、小娘舅了。」

接著便跟他們幾個家族，分批照了幾張合照，讓大家留作紀念。

大哥又問我：「什麼時候再回來？」

我說：「對未來的事，我一向不敢預測預告，上次回來，老大就擔心能不能再見到我，今天不是又見面了嗎？一切都要看因緣了！」

我在這次行程中，每餐都是隨眾出入，而且多半會有早餐及晚餐後的開示，唯有四月二十七日這一天晚上，我脫了隊去陪伴俗家親屬，對於團員來講，好像失落了一點什麼。因此，他們在先我離開這家馨苑渡假村飯店，經過我們這個房間的窗前時，許多人相當好奇的圍過來探望，希望知道我的俗家親屬，究竟是些長得什麼樣的人。另一方面也讓我的俗家親屬看到了我帶的三百位團員，是些長得什麼樣的人。同時，他們也在提醒我，該是結束會面的時間，登車趕路渡長江到南通去了。

三三、反其道而行

晚上八點四十分，團體準時登車先行。旅行社爲我設想得周到，由於難得會見俗家親屬，所以讓我在那兒比團體多停留了二十分鐘。

九點正，我也上了中旅社爲我特別留下的小型旅行車，此時只有侍者果稠師以及兩位居士陪隨。

這輛車的司機先生，大陸人稱爲司傅，駕駛技術好極，爲了趕時間，不得不一路上見車超車，雖然路面夠寬，車輛不多，但是連續超車，還得有一些膽量。目的是希望追上團體車隊，同時搭上開往南通的渡輪。在十五分鐘之後，的確被我們追上了車隊，司機先生又想把我們乘的這輛車，趕到車隊的最前面去，因此，不僅僅是超車，而是開到車道中線的左側，也就是逆向行駛，因爲我發現不斷有對面的車輛對開過來，而又迅速的閃避過去；這是在夜間，路邊兩旁也沒有照明的路燈，看來相當冒險。

因此，我提醒那位司機先生：「現在我們是在逆向行駛，對嗎？」

他回答：「有時候必須反其道而行。」

好在沒有兩分鐘，我們已經趕過車隊，以正常車速，走上正道，全車的五、六人，多半已昏昏欲睡，不知道曾經發生過什麼事，僅一、兩人知道，都鬆了一口氣。那不僅由於司機的技術好，也因爲我們有公安車開道，不能算是犯法和違規。

我們偶爾會聽到有人批評說：「某些人的爲人，往往不能以常情常理來推測。」可是在平常情況下，他們的作法想法，和我們並沒有什麼不同。但在要緊關頭處理特殊狀況而有必要時，他們的作法想法，就有點不太一樣了。這就是像這位司機先生所持的觀點一樣：「有時候必須反其道而行。」看來是不正常的，但若在處理緊急的特殊狀況時，這又是正常的了；例如救護車、消防車、警車，在執行任務時，豈不都是不循正常交通規則的嗎？但此正是交通規則中的一部分。

禪宗的祖師們，用所謂「殺活自在」的手段，對待應機的弟子，有時也必須以反其道而行的言行，才能使得弟子徹悟。不過這種手段不能常用，否則便成玩火，未得其利，反受其害。

三四、苦與樂

當我們上了十一圩港口碼頭的汽車渡輪，發現我們的大小十二輛車，連車帶人全部登上了船，也發現緊跟我們這輛車的背後，還有一輛小轎車，是我大外甥黃成章，帶著我的二哥，在船上向我打招呼，我才知道他們也要跟著一起過江去南通；不用說，那一輛車也是跟著我們一路超車，曾經逆向行駛開過來的。

夜晚的長江江面，雖然有不少船隻，因爲沒有多少燈火，不覺得是那麼的繁忙。當晚的江上吹著強勁的寒風，少穿了衣服的人，還不敢離開車廂，到甲板上去欣賞長江的夜景。我們這輛車的司機先生和導遊人員，爲了解決他們的煙癮，而到外面轉了一圈回來，進入車廂時，還大聲喊說：「嘿！好冷！」那眞是有苦有樂，苦中作樂，享樂久了，又希望找一些苦吃，來刺激自己。有時候以苦爲樂，有時候以樂爲苦。這便是佛法所說的「夢想顚倒」。

二十五分鐘之後，就到了江北的南通港，將近晚上十一點，到達當晚的落腳處南通大飯店。進入飯店的接待大廳時，雖已很晚，外面還下著濛濛的細雨，卻有三位當地的官員，走前來向我合掌，表示歡迎，他們是臺灣事務辦公室副主任李玉瑕、僑務辦公室主任黃佐才及其副主任王瑞華，並且告訴我，南通市民族宗教事務局局長匡志森，明天會在狼山接待我。這是我這趟行程中，受到最多地方官員接待的一次。畢竟南通是我的出生地，是我童年出家的地方，所以地方政府，對我相當重視。雖然我們這個團體的成員，兼備了臺胞、僑胞和宗教徒的身分，但在其他地方的各級政府，並沒有這麼多單位的官員同時出面接待。

▲長江江面上細雨濛濛，大小船隻來來往往。

這一天下來，非常的疲累，有兩次差點要虛脫，總算佛菩薩保佑，沒有眞的虛脫，甚至於還沒有讓任何一位跟我接觸的人，發現我有什麼不對勁。可是，我畢竟已是一個老人，連日來的勞累，加上我的腸胃對一路上的飲食也不太適應，幾乎每天需要靠著大管、小管的點滴注射，來補充我的體力，今天雖然已經很晚，隨團的醫生、護士，還是到我的房間，爲我做溫灸，打了針。因此，也拖累了他們，比我睡得更晚，我感謝他們，覺得對他們不起，他們卻說：「能讓我們照顧師父，是大福氣，感到非常歡喜。」

這又是以苦爲樂的例子了。

每當我慰勉他們：「眞不好意思，太辛苦你們了。」他們總是用我的兩句話來做回應：「忙忙忙，忙得很快樂；累累累，累得好歡喜。」

三五、狼山廣教寺

四月二十八日，星期日，雨。

早上起來，發現戶外颳著風，下著雨，大概是要人體會一下「風雨故人來」的情景罷！

早餐之後，九點正，在煙雨迷濛中，乘車向狼山方向出發。這條路在八年前已經走過，大致上沒有多少改變。加上是陰雨天，能見度不甚清晰，到了狼山腳下，我也沒有像上回那樣想到要下車，用照相機拍下山前山後的鏡頭，就直接在山門前的停車廣場下了車。

雖然是雨天，畢竟是星期日，上山香客和遊客，已經擁擠在山門口了。

在山門外迎接我們的是狼山南通宗教局局長匡志森先生、狼山的監院演誠法師及月朗法師。進了山門他們對我說：「東西兩側的大悲殿、輪藏殿已經修復，參觀一下罷！」

這兩座建築物在抗戰末期已經失修，長久廢置不用。一九八八年時，尚未修復，現在則煥然一新。所謂大悲殿，供著觀世音菩薩像，給人燒香禮拜。至於輪

▲原來是大雄寶殿的「法乳堂」是作者初次上山時，所拜的第一座佛殿。

藏殿中，有一幢能夠讓人推著轉動的佛經櫥櫃，意義是轉法輪，香客及遊客們爲了祈福和許願而去推著它轉動。

之後我們向上爬坡，進入原來是大雄寶殿的「法乳堂」。在這兒的臺階前，我向全團大眾介紹了兩位監院法師，同時告訴大家：「這座大殿是我初次上山來時，第一座拜佛的佛殿，也是第一次見到了那般巍峨的釋迦佛像。佛像雖已在文革中被破壞了，佛殿依舊是五十二年前的模樣。我出家學佛的生涯，就從這裡開始。過了半個世紀，同樣的地方有了新的佛像，可以讓我來禮拜，內心十分的感激。」

我在當天的早齋後，已經略略的向大家介紹了我跟狼山的因緣，以及狼山所供的本尊大聖菩薩，就是大勢至菩薩的化身。他的名字叫僧伽，是西域的何國人。在唐高宗時先到洛陽，後到泗州，根據《佛祖統紀》卷四〇所載，景龍元年（西元七〇七年）唐中宗派人將僧伽大師從泗州迎請進京。「師既至，尊爲國師，出居薦福寺，帝及百僚皆稱弟子。」因此狼山的本尊，通常被尊稱爲「大聖國師王菩薩」。也有人在文章中記載稱爲「泗州大聖」或「大聖僧伽和尚」。他到達狼山的年代以及他的事蹟，在我的《歸程》以及《法源血源》兩書中，有比較詳細的介紹和考證。

這次大家來到狼山，目的是體驗一下這位西域來的高僧，遊化人間的悲願及其感化的力量和對人間的影響。而大勢至菩薩是西方極樂世界阿彌陀佛左右兩大菩薩之一，在《觀無量壽經》稱他爲「無邊光」菩薩，在《楞嚴經》有一篇〈大勢至菩薩念佛圓通章〉，我們要學習這位大菩薩放大智慧的光明，普照一切苦難眾生，同時要學習他精進修行「都攝六根，淨念相繼」的念佛圓通法門。也請大家體驗一下，我在狼山出家做沙彌的修行環境；狼山的道路，幾乎每一寸地都印有我的腳跡。並且叮嚀大家，到了狼山，要有禮貌、誠懇、莊嚴，不要丟了師父的臉。的確，這次狼山之行，大家都很安詳莊嚴，雖然在雨中上山下山，秩序威儀整齊，表現非常得體。

三六、法乳堂・法聚庵・山頂大聖殿

從「法乳堂」後門出來，繼續上山，經過另一位開山祖師知幻禪師的紀念塔，稱爲幻公塔，再向上左轉，就是我沙彌時代住過一年多的房頭，名爲法聚庵，亦名三仙祠。八年前回狼山時，已經被改名爲紫琅園素菜館，現在除了還是素菜館，也是臺胞招待所。當我帶著大批的人員進入參觀時，有一位在裡面服務的女士，不知我是何許人也，倒是蠻親切的向我介紹內部各棟建築物的設施及用途，我眞感謝她的友善，但在我的內心，也有一點苦澀的感受，好像吃到一顆青皮的柿子。

我也向我的僧俗弟子們介紹，當年這些建築物是佛堂、齋堂、客堂，以及老和尚們的寮房，道人（行者）們所住的下房，特別是我自己曾經住過的一間老屋，目前是在公用廁所的隔鄰。當時我們的大寮，現在是餐館的廚房，只是他們正在工作，不方便讓我們參觀。

這次回到這座素菜館的法聚庵，已沒有上次那麼強烈的感受，因爲已經知道那個地方現在是派作什麼用場。不過我還是跟兩位監院以及南通宗教局局長建議，把它收歸佛教使用，他們回說：「很好啊！不過還要靠你啦！」

狼山在一九九一年遇到一場大雨，許多房舍都受到損失，有幾處完全崩塌，紫琅園也有一棟房子因此損壞，目前已經修復。山頂上也有嚴重的坍方，沿著山路上去，到達山頂之前，發現登山路面拓寬了，有幾座房屋是新建的，當時我爲此事捐了一萬美元，他們都還記得。山頂上讓我們過午用齋的餐廳，是新建完成的，看來倒是因禍得福，眞所謂舊的不去新的

▲作者在曾經住過的寮房前留影。

不來；房屋的使用空間，比原先的寬敞多了。經過一場大水災，反而把狼山的建築變得更具現代化和更有實用性了。

到了山頂，都監月朗、風力、俊德及一位年輕的監院錦榮等四位法師，已在山門外迎接我們。引導著穿過客堂的樓下，進入大勢至菩薩殿，此殿早年供的是禹王像，稱爲江神殿。現在的狼山，已經廢除了許多不屬於佛教的神像，例如關神、靈官、江神、文昌、眼光娘娘等，而回復到正信正確正統佛教的面貌，這點比起以前，狼山是進步了。

從大勢至菩薩殿通過支雲塔的迴廊，就是大聖菩薩殿，也就是狼山廣教寺的主殿，殿內供奉身披龍袍頭戴五佛冠的僧伽大師坐像。殿上的香客已經擠到水洩不通，要想自由安詳的拜三拜都不可能，那些人好似也不完全是爲了拜佛祈願，只是擠過來擠過去，能擠到長方形的大拜墊上叩一個頭，的確不容易。我的護法菩薩們替我把人潮暫時擋了一下，讓我就地拜了三拜。

這是我上山做小沙彌的當天，到了山頂初次學著如何以正確的姿勢拜佛的地方，也是我在狼山山頂上每天早上禮拜觀世音菩薩五百拜的地方。我們的團員都希望在那兒多拜幾拜；事實上，一拜都有困難。

三七、祖堂・八小名山・佛學院的可能性

接著，幾位狼山的法師，把我帶到祖堂，我一邊稱呼著三個牌位一邊禮拜。然後告訴跟在身旁的僧俗弟子：「這兒的貫通老和尚是我的師祖；朗慧老和尚是我的師公；蓮塘老和尚是我的師父。」

在這近八年的時間當中，狼山的老僧人又少掉了兩位，祖堂裡的牌位也增加了兩個，那是在我的《法源血源》書中提到過的自覺和宗律法師。

演誠法師說：「時間過得眞快！」

我接著說：「我們這一代都很快要進入歷史了。」

他卻鼓勵我說：「你還早！還早！你那邊的佛教事業還沒有完成啊！」

我說：「我們隨時隨地都要有死亡的準備，而且世間也沒有非我不可的事！不過在未死之前，必須盡心盡力，盡形壽來爲佛教努力奉獻。」

接著進入貴賓接待室，月朗法師告訴我們，中國佛教有四大名山、八小名山。狼山是八小名山的第三位。所謂八小名山，除了狼山之外，就是廣東的香山、陝西的終南山、河南的嵩山、江西的廬山、湖南的衡山、浙江的天臺山、雲

南的雞足山。現在的狼山，香火很旺，每年有一百五十萬人次的香客和遊客。目前山上住有七十三位出家眾，尚有兩位正在斯里蘭卡留學，那就是能忍、能持。另有職工居士一百多位，在那兒為大眾服務。

目前狼山的香火之盛和出家人丁之旺，當然要比我當年在此出家的時候要好的多了。那時雖然有七個房頭，每一個房頭也頂多只有三、五位，六、七位，乃至於一、二位出家眾而已。雖然逢年過節全山僧眾都到大殿課誦共修，隨眾的大小僧眾還是稀稀落落。不過狼山雖然歷史悠久，除了開山的僧伽大師之外，之後幾乎極少有人能進入歷代的高僧傳記。可見香火門庭，不容易培育傑出的高僧。我建議山上應該把法聚庵改為佛學院，才能從基礎扎根而培養出優秀的僧才，不論是為了佛教、社會、國家，都應該朝著這個正確的方向去努力。他們都回答說：「是、是！好、好。」

當我見到現年八十七歲的育枚長老，再度建議把三仙祠（法聚庵）改成佛學院。

我又對山上的法師們說：「我們大家都已老了，再不辦佛學院就沒有機會了！」

法師們都說：「對！對！」

育枚長老則說：「我們想辦，在籌備了。」

因此當我們離開南通之後，有幾位居士向我提議，願意籌措一筆基金，來支持狼山成立佛學院。至於用什麼方式，支持到什麼程度，我回到美國後，立即去信向月朗法師請教他的意思。（此議終於未成事實）

當天中午，在狼山廣教寺山頂新建的素菜館午餐。和我同席的有演誠、俊德、月朗三位法師和我俗家的二哥。演誠七十歲，俊德七十三歲，月朗七十二歲，他們都已老了，其中演誠及俊德兩位法師，比我略早一、兩年上山，是和我同時在狼山做沙彌的。

▲作者（右一）和育枚長老（中）、月朗法師（左一）、俊德法師（左二），討論成立佛學院的事宜。

上次回狼山，尚見到五位在五十多年前就熟識的老僧，這趟再去，只剩下了三位。不過狼山的新人，待我也非常友善，雖然不認為我會回到狼山長住，但還認為我是狼山的人。

三八、兩則遺憾的小插曲

我在狼山訪問過程中，也發生了兩件小插曲：一是發生在登山道上，一是發生於方丈室內。

快要到達山頂之前的石級上，一位中年男士急急忙忙趕到我面前，跪下來頂禮，口稱：「師父您好！弟子向您請安。」

我記不起來那兒來的這位弟子。他解釋說：「師父每年都寄賀卡給我，並也通過信。」

我還是記不得。

此時我們正在登山，我的兩位護法金剛菩薩，發現這麼一位不知來歷的先生擋路，連忙把他扶起來，隔開他，擔心我會發生什麼麻煩事。

一直到了山頂，我仍把這樁事放在心上想：「究竟是怎麼一回事呢？」於是我問演誠法師：「剛剛在山坡上向我請安的居士是誰呢？」

他說：「不是外人，是常來山上的居士，也聽說法師你每年都給他寄賀年卡片。」

我想可能是有的，由於有秘書代為處理，我很少過問，所以他給我寫信，我給他寄賀年片，我都不知道是誰了。此刻再想找他，已經找不到人了，頗覺遺憾。其實我是一個普通和尚，任何人都可以見我，不論認識不認識，只要時間許可，沒有拒絕的理由。這位居士，如果向我的侍者或護法居士，或者是狼山的接待人員，事先知會一聲，就不會發生這樣的尷尬事了。

我們在育枚長老方丈室談話之時，有一位老居士走了進來，向我頂禮，並且要求皈依。他說：「一九八五年把你還健在人間的消息，告訴你江南二哥家的人，就是我。」因為當時我已經給狼山的兩位老和尚，寄了幾封信。他從旁得知之後，就好心的轉告了我的俗家。他是我在《法源血源》第二篇所錄「家書」中見到的「南通新港鎮嚴老」，但不知嚴老是誰？

這回我正在跟育枚長老及幾位山上的法師們談話，他突然冒失的衝進來要求皈依我，時地當然不宜，我勸告他：「要皈依三寶，狼山有好多老和尚，在那裡皈依就好了！」他見我沒有答允，便又匆匆的退了出去，好像非常失望。

我立即派人追出去，送他一個紅包結緣。問他姓名，才知道是嚴貴森。

我發現在狼山先後見到的這兩位居士，心太直了，也有點不懂正式的禮儀，假如這位嚴居士先正式跟我的隨行人員打個招呼要求見我，我豈會不見？他認識我俗家二哥，那天我的二哥張志明也跟我在狼山同桌吃飯的，何不向他提起一聲？還有我的一位外甥黃成佳，根本就在狼山服務，也可由他轉告的。像這樣一位把我還健在人世的消息告訴我俗家親人的人，怎麼可能不接見他？何況這位嚴老居士就在狼山服務，更可以向狼山的當家要求，給他引見。結果變成如此唐突的情況，弄得我措手不及，也讓他頗感失望。

三九、從南通到蘇州

見過育枚長老，已經是下午二點，我們必須下山，當天還要過江，經常熟、無錫，抵達蘇州。演誠及俊德兩位法師，一直把我們送到山下的大山門外，上下山的過程中，一直都在下著雨，眞是太辛苦他們了。雖然我在做沙彌時，一天可以上山下山好多趟，也不覺得辛苦，爾今他們都已過了古稀高齡，我還要如此勞動他們，眞感到罪過。

我的俗家二哥，昨天晚上是搭乘我外甥的便車渡江到了狼山，今天本來要搭我們的便車回到江南張家港。我交待工作人員照顧他，後來因爲天在下雨，又有點寒冷，外甥要留他在山上再過一夜，所以沒有跟我們同行。說起來我眞感到對他抱歉，昨天晚上，他從張家港跟到南通，就是希望多點機會跟我談談。可惜我的行程太密，縱然今午與我同席，也未能跟他談話。

下午三點多，到了南通港的渡船口，僅僅二十五分鐘，就過了長江而到了對岸的十一圩港；也就是昨晚從江南到江北的渡口。比起在五十多年前，通過這段江面，是乘坐看風轉舵的帆船，現在的汽車渡輪，眞是太快了。

目前中國大陸興建的公路，也越來越多，越來越好，越來越寬，加上我們有公安車開道，一路暢通，行車僅僅一個半小時，就從十一圩港到了蘇州。

以我童年的印象，蘇州離開我的俗家常陰沙（現在的張家港）好遠！好遠！在民國三十七年（西元一九四八年），我記得從上海乘火車到無錫，然後從無錫乘內港航行的小火輪，經常熟，至鹿苑（張家港市中心），航行了一整天，夜深時分，才到了距我俗家還有兩、三華里的地方。若從蘇州啟程，當天是絕對到不了的。

當天晚上先到蘇州南林大飯店晚餐，然後投宿於竹輝飯店。

蘇州又名姑蘇，一向被人譽為人間的天堂，位於長江下游的太湖之濱，山明水秀，人文薈萃，氣候適中。它始建於春秋時代的吳王闔閭，是一座具有二千五百餘年歷史的古城。目前蘇州市的轄區很大，包括吳縣、吳江、昆山、太倉、常熟、張家港等六個縣市。加上中國與新加坡合作的蘇州工業園區，總計人口五百六十餘萬。是全中國最富庶的地區之一。

如今的蘇州古城內，也處處都在翻新，但有幾條富有蘇州古城特色的街道及其兩側的建築物，雖已拆了重建，依舊保持原有風貌。所謂整新如舊，真還要有專家的本領才行。當晚我們的投宿處，便是在姑蘇古城區內。

姑蘇古城，自古即是名城的原因，不僅是吳王闔閭及夫差父子在此建都，也不僅是在太湖之濱，除了四周都是湖泊，還有兩條江南主要水路的交通要道。一條是運河，北通揚州，南接杭州，進入錢塘江；一條是吳淞江連接蘇州河，直達上海，流出長江口。

古代運輸，陸路不及水路便利，人盡其才、地盡其利、物盡其用的文化開發，都跟貨暢其流的交通網相關。中國古來文人，都把揚州、蘇州、杭州的風光連想在一起，蘇州便居於揚州與杭州之間，佔盡地利的優勢。

蘇州之有佛教寺院，最早約建於三國時代的吳大帝赤烏年間（西元二三八—二五〇年）。即是現在的報恩寺，其次如竺道生來到虎丘說法，頑石點頭的故事，是發生於東晉時代。迄今有千年以上歷史的古刹有十餘座，多數建於唐宋時期，最晚的建於元代。目前最享盛名的是靈巖山寺、西園戒幢律寺、寒山寺、興福寺。我們這次訪問的是此四寺中的前三寺。

四〇、姑蘇城外寒山寺

四月二十九日，星期一，陰後晴。

上午八點三十分，從蘇州竹輝飯店上車，前往姑蘇城外的寒山寺，此寺創建於南朝梁武帝天監年間（西元五〇二—五一九年），迄今已有一千四百多年的歷史。原來舊名妙利普明塔院，唐朝時因寒山、拾得兩位傳奇性的高僧曾經於此掛單，所以被後人稱爲寒山寺。又因爲此寺就在有名的楓橋下，故也被稱爲楓橋寺。由於唐玄宗天寶十二年（西元七五三年）中了進士的詩人張繼，寫了一首〈楓橋夜泊〉七言絕句的第三句，介紹了寒山寺，好詩千古傳誦，詩中古寺也因好詩而享名於世。那首詩共二十八個字，寫景述情，卻美到極點：

「月落烏啼霜滿天，江楓漁火對愁眠；
　姑蘇城外寒山寺，夜半鐘聲到客船。」

有人認爲寒山寺大概是在山上，其實是在蘇州閶門外向西十華里處的平地上。它的規模並不大，但是十分精緻，造景布局、建築物的構思，都富有高度的藝術氣息。由於凡是讀過唐詩〈楓橋夜泊〉的人，不論是誰都會想去附庸風雅一番，到了蘇州遊覽，多半會去寒山寺盤桓一遭，所以寒山寺總得有些詩情畫意的氣質。

目前雖已經看不到「江楓漁火」，尚可看到寒山寺外鐵嶺關前的楓橋，此橋經過歷代的重新修建，還靜靜的躺在一條小河上，河面不寬，河水算得乾淨，只能行遊船畫舫，不是交通用的航道。我們此行的目的是造訪寒山寺，所以也未去近在咫尺的楓橋憑弔，倒是經過了形狀類似楓橋的江村橋。

至於寒山寺的鐘，也因張繼的這首詩而名留千古，可惜據說於八年抗戰期間，日軍佔領蘇州時，把寒山寺的那口鐘，悄悄的運回了日本。戰後不論是中國人或日本人都關心這口鐘，但已不知下落。也許還被隱藏在日本某一位收藏家的倉庫裡吧！不過現在寒山寺大殿有一口小小的鐘，是戰後日本友人贈送的，而且刻上了年月日。直到現在，每年都有大量的日本訪客來參訪寒山寺，尤其是到了陽曆過年，許多日本訪客都要到寒山寺，守著舊年的最後一秒鐘，傾聽方丈和尚在鐘樓上扣大鐘一百零八下，祈求平安。

我到寒山寺是因爲有一位從未謀面的師兄，聖智性空法師，就是寒山寺的住持。他寫得一手好字，遊客多半會求了他的書法，回家做紀念；特別是日本訪客，非常歡喜爭購他的墨寶〈楓橋夜泊〉詩軸。我的僧俗弟子到大陸訪問，經過寒山寺，他偶爾會帶一幅字、一樣紀念品，或者一封信，向我問候，並邀我回去看看。因爲先師東初老人在世時，我聽他說過，另外在大陸也有一、兩位出家弟子，但不知道名字，倒是性空法師先來相認，而且累次帶信，所以此番經過蘇州的主要目的，就是拜訪這位師兄了。

我們到達寒山寺別院的門前，於大停車場下車之後，通過稱爲「別院」的寒山寺公園，欣賞茂林修竹之外，人行的步道，均用不同顏色的卵石，砌成各類不同的幾何及動物圖形，相當別致，值得欣賞。由別院中即可遙望寺內的五層四角木塔，相當古樸，但是重建落成後還沒有幾年，材料及技術都是新的。

別院的盡頭就是和楓橋接鄰的江村橋，再向右轉便是寒山寺大門前的照壁。性空法師率領二十多位青年僧眾，合掌分列於山門前，也就是天王殿前的兩側，一律穿著黃色的海青。性空法師精神相當健朗，性格也很隨和，雖然初見，已像是數十年前的舊識，讓我覺得是回到了自家的道場。性空法師一見到我，第一句稱我「聖嚴法師」；第二句稱我「賢師弟」，並且一再的感謝我：先師東初老人的晚年，是由我照顧，善後由我料理。他一再的提起先師對他的栽培很多。他是在鎮江附近一個丹陽地方的小廟剃度出家，當時東初老人就在那兒擔任住持，後又幫助他到鎮江焦山佛學院接受栽培，所以師恩難報。他也知道我在焦山爲先師建

▲作者率農禪寺常住法師和寒山寺住持性空法師（左八）合影。

▲性空法師當場揮毫。作者聖嚴法師在旁為他提起袖襬，以免沾濡到墨漬。師兄弟的情誼溢於言表。

了一座舍利塔，他已回去掃過塔，巡禮致敬。目前一心一意要把寒山寺修建的更好，把年輕弟子們培養成佛門龍象。

寒山寺環境不大，我們參觀了大殿、鐘樓、楓江樓，在會客室用茶後，又到性空法師的書房，看他當場揮毫，他要送我一幅字，我要求他寫「慈悲喜捨」四個字，上款寫聖嚴師弟補壁，同時他也要我留幾個字；然而在他的面前，我就不必獻醜了！之後我們看了寒山、拾得像，以及寺內的各項設施，便匆匆的離開了寒山寺。

四一、懷恩・寺志・尋根

性空法師在送我上車之時，問起先師的生日及忌辰，他準備為東初老人做冥壽，我告訴他先師生於民國前四年（西元一九〇八年）九月二十二日，圓寂於民國六十六年（西元一九七七年）十二月十五日下午五點。同時我也說，我打算於東初老人九十歲冥誕及圓寂二十週年舉行一次紀念法會，以表示對他老人家的感恩和懷念，性空法師說：「我在中國大陸也要為先師做冥壽。」因此當我回到美國僑居地時，便收到由臺灣農禪寺轉來性空法師簽署於一九九六年四月三十日的一封信，其中有一段話，讓我感動，現抄錄於後：

明年農曆九月二十二日適逢先恩師東初老人九十冥壽暨涅槃二十週年之期，屆時貴我兩岸同時追薦，以報師恩於萬一。說來慚愧，二十年之前先師圓寂，奈因煙雲阻隔，愚未克盡執紼之禮，至今思之，仍在抱憾之中。憶昔負笈焦巖十載，恩師教誨之情，猶在目前。所幸賢師弟克盡致禮，稍慰愚衷！

這次在寒山寺除了送我一幅字外，性空法師也送我一本清溥儀宣統三年（西元一九一一年）長州葉昌熾所編的《寒山寺誌》，一共三卷，記載寒山寺的沿革，分別是對於寒山寺的橋、寺、像、鐘、碑、僧、產、游、事、詩等的介紹，同時又附寒山、拾得詩集以及寒山詩集解題等。其中有關橋的，主要是楓橋的歷史。

據稱寒山寺於清朝文宗咸豐年間（西元一八五一——一八六一年），太平天國之亂的戰火使得該寺化爲一堆灰燼。清德宗光緒三十二年（西元一九〇六年）漸漸募捐重建；建成了殿堂三進，東西各三屋，大殿之西建鐘樓，並謂「鑄鐘懸之其上，以存古蹟」。從這點看寒山寺的鐘，在咸豐年間的戰亂之後就不見了，因此寒山寺的古鐘，是不是在抗戰期間被日本人偷偷運回國去的疑問，又需要考證了。

寺中目前有許多碑記，文革之後尚被保留，譬如清朝俞樾手書的「楓橋夜泊題碑」，還在寺中。關於張繼的〈楓橋夜泊〉寫成書法的人很多，一直到當代的大書法家劉海粟，都有此詩的書法碑刻留在寒山寺，只是尚無人能夠超過俞樾那幅字的功力。俞樾自己有這樣的幾句話：「寒山寺舊有文待詔所書唐張繼〈楓橋夜泊〉詩，歲久漫漶，光緒丙午（西元一九〇六年）筱石中丞於寺中新葺數楹，屬余補書刻石。俞樾。」

至於該寺歷代的高僧寥寥可數，該誌書之中也有：「惟寒山一鐙，若明若滅，豈金閶近市，湫隘囂塵，不足以安禪悅乎」的慨嘆！就是寒山、拾得到該寺的記載，也是蛛絲馬跡的道聽塗說而已！

我們在寒山寺，前後僅僅一小時，可以說是來去匆匆，目的不在於要看張繼那首詩中的楓橋，和附庸風雅體驗夜半寒山寺的鐘聲，而在探訪在我出家生命中的法源法脈、同根同幹，甚至於同枝的師兄。先師東初老人一生，剃度的弟子極少，在海外的臺灣，只有收我和我的師弟聖開，在大陸到目前爲止，也只知道我這位師兄聖智性空；東初老人的法子也僅茗山及圓湛二師。如今彼此的年事漸高，幸好尙能走動，藉著這次回大陸巡禮佛教聖跡的機會，第二度到焦山拜訪了茗山法師，到蘇州初見了聖智師兄，同時也在狼山及張家港市，於一九四九年以來，第二度會見了沙彌時代的師友和俗家的胞兄。

到此爲止，我對於直系法源和近親血源的尋根工作，已經差不多了。爲了認識事相的根源，這是一種懷念的表示；爲了本源心地的發明，這種工作，就未必要做了。因爲我在提倡「人間淨土」，必須先要重視人的倫理，對於人間的大眾而言，形式的和認識的尋根探源，還是有它的必要。

四二、靈巖山寺

離開寒山寺驅車前往靈巖山寺，到達山下已是十一點。

在我們最初預定的行程計畫中，靈巖山寺是參訪的主要道場之一，經過亞星旅行社與南京中旅社往還磋商，認爲行程急促，時間不夠，要我們將靈巖山改爲虎丘山。直到今天早上起床後，我向我們自己的旅行團負責人施建昌居士建議：「能否向蘇州中旅社要求，把虎丘山的行程改爲靈巖山寺。」轉達給我們亞星旅行社的薛一誠居士，他說：「可以交涉，盡力而爲。」立即獲得蘇州中旅社的副總經理王鴻根先生首肯，他還說：「佛教的旅行團體，應該安排去靈巖山寺的。」

在我印象中，蘇州的靈巖山寺大概不會太高，應該是很容易去的。可是今天早晨，有一點毛毛細雨，天空忽暗忽明，當地導遊告訴我們，登山路很難行，不但是陡坡，沒有石階，而且非常滑溜；不僅登山辛苦而且容易跌倒。我說：「無論如何總不至於比九華山更高更難罷？」我們是來朝山，怎麼辛苦，怎麼困難，都願意去。

靈巖山位於太湖的東岸，在蘇州古城的西郊，根據民國三十二年（西元一九四三年）所編的《蘇州靈巖山誌》記載：靈巖山在吳縣西南三十里，高三百六十

▲靈巖山寺的建築素樸古雅。

丈。因此，當我們爬到山腰，就可以西望太湖的景色，在渺渺溟溟中。

登山步道是用青磚和塊石鋪成，路面磚石已被行人踩得相當光滑圓潤，若有點潮濕，便會有點滑溜，向上攀登已感吃力，向下走時，腳底更須小心。本來只有二十分鐘的登山路程，我是走走歇歇、歇歇走走的耗了三十五分鐘。到達山頂時雖然有點累，尚沒有氣喘如牛，也沒有爬出一身汗來。

登山道十分清潔，兩旁有不少的小販，其中也有提供飲食的麵攤。一路上不斷有人向我們兜售各種土產紀念品，可是我們的隊伍看起來浩浩蕩蕩，對這些做小生意的人來說，則頗失望，因爲我們是來到印光大師提倡專修淨土法門的道場朝聖，大家一步一聲佛號，那有閒情逸致去選購什麼紀念品？

從南京陪團而來的江蘇宗教局周祖樸科長，照應我無微不至，他走在我的前面，不斷爲我開道，不斷把山路上的攤販商品向道路的兩側移動，攤販們雖未罵人，一路也都有人問：「爲什麼不做我的生意？」

我眞覺得對那些人抱歉！故也不停的說：「沒有關係，沒有關係，他們都是莊嚴佛國淨土的諸上善人。」對這些攤販念阿彌陀佛，他們好似沒有什麼反應，對他們來講，念不念佛號，似乎已不要緊。

到達靈巖山寺大門外，今（一九九六）年已經七十四歲的方丈明學長老，穿著海青，帶著僧眾，列隊迎接我們，雖是今晨臨時決定來訪，但是該寺的環境及各項設施，都布置打掃的乾乾淨淨有條不紊。

我一邊進入大殿，一邊問明學方丈說：「我們是臨時要求來訪的不速之客，是否爲貴常住帶來不便？」

他說：「早就聽到法師帶著貴團體，來到蘇州，我已猜想到大概會來靈巖山的，所以心裡已經有了準備。」

這大概就是彼此心靈的感應吧！

四三、印光大師在靈巖山

通過山門進入大殿，禮佛之後，請明學長老爲我們做簡短的開示，接著到客室用茶並聽取方丈的簡報，贈送紀念品和禮物。

我最關心的是要參拜印光大師的關房，也想看他們的念佛堂，以及參觀他們佛學院的設備。明學方丈和監院貫徹法師，便引導我去印光大師舊時的關房，禮拜致敬。那兒平時不對外開放，而且要經過兩道上了鎖的木門。關房是一個四合院的靜室正廳。他們說：「關房內相當凌亂，都是堆著印光大師的《文鈔》、《嘉言錄》等的出版品，不便打開。」

我只有在關房門前的階沿上，深深的頂禮三拜。我雖不是印光大師門下專修淨土法門的人，但是我從印光大師的《文鈔》中得到很多的受用，所以一面禮拜，一面在心中默禱：「晚學聖嚴業重福薄，出世較遲，在大師生前無緣親近，今來關房前致敬，唯願大師的洪範永垂，法燈長明。」

我去印光大師關房前禮拜的事，只有少數幾位出家弟子及在家團員，跟著進去，他們感到這是稀有難得的福報。

▲靈巖山寺的方丈明學長老（右一）與監院貫徹法師（左一），引領作者到印光大師舊時的關房禮拜致敬。

其實去禮拜印光大師雖是形式的，主要是爲了深切體驗印光大師在此自利利人，接引眾生的影響力。如今雖然庭院深鎖，而印光大師在此對人所做的開示及寫的每一封書信，都還長留人間。

我們法鼓山在提倡「提昇人的品質，建設人間淨土」的理念，好像跟印光大師沒有什麼關係；其實很有關係，他常訓勉弟子們，要敦倫盡分，專修念佛，求生淨土。所謂「敦倫盡分」，就是每一個人都當盡人的責任，加上發菩提心，才能談到往生淨土、蓮花化生。求生淨土是目標，把人做好是基礎。這不就是先要建設人間淨土，臨終便能往生極樂淨土的內容嗎？

印光大師和靈巖山寺結緣，大約始於清末民初，跟靈巖山寺的方丈眞達和尚有密切關係；當時眞達在上海的太平寺關一靜室，供大師靜修。到了民國十七年（西元一九二八年），大師六十八歲，眞達和尚花了數千元，修整了蘇州的報國寺，準備供養印光大師，作爲靜修之所。民國十九年（西元一九三〇年），大師七十歲，就在報國寺掩關。在這段期間，眞達和尚經常請示印光大師，如何規畫一切的規約章程，使得靈巖山寺改建堂寮，整頓寺規，接納十方僧眾，專修彌陀淨土法門。

直到民國二十六年（西元一九三七年）的冬天，大師七十七歲，順從靈巖山寺當家師妙眞和尚的禮請，由報國寺移錫靈巖山寺，掩關三載，於民國二十九年（西元一九四〇年）十一月初四日清晨五點許，預知時至，在念佛聲中，安詳捨報。

此期間，直到大師臨終，眞達和尚還在大師身旁照顧。大師圓寂荼毘之後，就建塔奉安於靈巖山。

根據范古農的〈印光大師塔銘〉記載，印公的塔院在靈巖山的「落紅亭上，石鼓東南，萬松擁翠，一徑穿雲，前挹湖光，左迎曉日，佳境也。大殿三間，中建印光大師全身舍利石塔。下有寮舍數間，爲守塔僧憩止之所」。由於塔院距寺尚有一段路程，我們未能前往。

關於印光大師的生平事蹟，可以參考〈印光大師行業記〉，那篇文章，是大師晚年護持親近最多的四位比丘法師：眞達、妙眞、了然、德森等共同具名撰述的。我寫本節，也參考了《蘇州靈巖山誌》，此誌所載開山祖師圖像是智積菩薩，近代的中興三師照片法相是：印光居中、眞達居右、妙眞居左。眞達於清溥儀宣統二年（西元一九一〇年）接任靈巖山寺住持，妙眞於民國二十九年（西元一九四〇年）繼任住持。印光大師雖然從未擔任過住持，對於靈巖山寺而言，在前後三十年間，都是居於靈魂的地位。因爲根據《靈巖山寺志．眞達大師傳》所載，他在印光大師韜晦於普陀山法雨寺時期，即「獨與（眞達）師契合，彼此莫逆，數十年如一日」。可見，如果背後沒有眞達和尙的張羅支持，縱然印光大師有大悲願，靈巖山寺也不會成爲中國第二家彌陀淨土的專修道場。

四四、念佛堂・佛學院

念佛堂，這是靈巖山寺的重要特色之一。然而在堂內的設備布置，都比照禪堂格局，除了維那座位的上方沒有懸掛鐘板，以表示和禪宗的門庭有差別之外，也有香案以及對維那的警語牌子：「大眾慧命在汝一人，汝若不顧罪歸汝身」，又名慧命牌。念佛堂的座位也是跟一般禪堂相同，沿著四壁設置一張張長方形的連床木架座位，不過其寬度只供打坐念佛不能開單就寢，一共四十八個位置，正好配合阿彌陀佛的四十八願。如果人多時，可在中間佛像的兩側加進座位，最大容量是一百。這是中國專修淨土宗的第二個大叢林。除了江西廬山的東林念佛堂，就推靈巖山寺了。自從民國二十年（西元一九三一年）前後以來，那所念佛堂成就了不少僧俗人才；例如現在臺灣開創靈巖山寺的妙蓮長老，以及擔任福嚴佛學院院長的眞華長老，都是從這座念佛堂中出身的。

目前的靈巖山寺，也辦有「中國佛學院靈巖山分院」，現有學僧四十五名，跟其他處相同，也是兩年一期；入學的程度，多半是初中，少數是高中，也有一些是小學。方丈和尚告訴我，他們的要求，是培養僧青年道心，不僅僅是做學問。

道心好，學問差一點，還是能接受，學問好道心差那就有問題了。學僧畢業以後有的去北京佛學院深造，多半是分發到各道場去照顧寺院，譬如說九華山祇園寺的現任監院慧開法師，就是畢業於靈巖山佛學院。

我問：「學僧有零用錢嗎？」

方丈說：「常住發給每月一百元人民幣。吃、穿，都是學院供給。」

我問：「有勞動課程嗎？」

方丈答：「有的。」他們有一座靈巖山茶園，僧眾全體要去出坡。

全寺現住僧眾包括學僧有八十多位，接待我們的只有少數幾位。我沒有接觸到學僧，照理當天是星期一，應當是在上課。

▲靈巖山寺佛學院的課堂教室。

最值得注意的是，該寺爲了遵守印光大師的遺風，保持十方道場的制度，不剃度新出家的沙彌，若有青年要求剃度，也是變通辦法，目前的學僧之中，有幾位上山之時還未落髮，所以到城裡的西園戒幢律寺去請求那兒的方丈安上長老代爲剃度。

明學方丈原籍浙江湖州，就是隔著太湖與靈巖山遙遙相望的對岸，民國三十六年（西元一九四七年）來到靈巖山寺，故亦沒有見過印光大師，他有一口濃重的浙江湖州口音，我是能夠聽懂，我的弟子們初次聽他的話，就比較吃力了。

四五、歷代興替・高僧群像

靈巖山寺創建於梁武帝天監年中（西元五〇二—五一九年），在此之前，東晉已經有一位司空陸玩，於此捨宅爲寺；再往上推，那是吳王夫差爲西施建的行館，即是「館娃宮」遺址。

靈巖山開山祖師，是梁武帝時代，從印度來的一位梵僧，傳說他是智積菩薩的化現。

到了唐朝，詩人例如韋應物、李商隱、白居易等，都有關於靈巖山寺的作品。宋初，曾一度稱之爲秀峯禪院。經過歷代的毀廢重修，至清代溥儀宣統三年（西元一九一一年）眞達和尚接任住持後，陸續整修道場，整頓寺規。到民國三十二年（西元一九四三年），該寺殿宇有大雄殿，高七丈五尺，深六丈。另有念佛堂、藏經樓、智積殿、多寶佛塔、彌勒樓閣、天王殿、大法堂、東西客堂、印公紀念堂、東西關房、庫房、方丈室、香巖廳、淨念軒、企歸軒、齋堂、齋廚、雲水堂、陸玩祠、東閣、平臺、化身窰、普同塔。可見這是一個龐大的建築群，是由幾個軸線構成，排列相當整齊，這個布局規模，到目前爲止，大致上都維修得很好，沒有多少變動。

在靈巖山寺的歷代高僧，有名可查的，除了開山智積菩薩之外，尚有北齊慧曉禪師。唐朝有道鑒、道遵。宋朝有定慧、道光、圓照、慈受、佛海妙空、月林觀、隆興黃龍、無門慧開、破菴祖先。元朝有石湖至美、南堂清欲、大方、天彰文煥。明朝南石文琇、天際洪澤、戒雷道震、弘儲繼起、月函南潛、僧鑒曉青、山菴林。清朝有悟開，然後就是民國時代的聖量印光大師，別號常慚愧僧。

從以上靈巖山寺歷代高僧事蹟來看，只有到了清末民初，才從禪宗漸漸轉變為彌陀淨土的專修道場，在歷代禪宗人物之中，有不少位可在《高僧傳》中以及禪宗的《傳燈錄》中，看到他們的事蹟。譬如無門慧開禪師輯有《禪宗無門關》一書，直到現在，還受到中日兩國臨濟宗的普遍應用。

四六、西園戒幢律寺

我們從靈巖山寺下山，登車前往「蘭陵園」定點旅遊餐廳過午，然後訪問西園戒幢律寺（略稱西園寺）。

方丈安上和尚已經七十多歲，由於心臟和血壓不正常，正在住院中，聽說我們要去訪問，當天下午特別向醫院請假回來，並在大殿前懸掛長幅橫布寫著歡迎我們的大字，眞是盛情感人。

我記得在一九八八年回鄉探親，進入張家港時，他特地包了一輛車子到十一圩的船渡碼頭迎接我，而且希望陪我到俗家訪問。我婉謝了他的好意！我說：「這是我的私事，要回俗家去祭祖掃墓。」

他說：「我們都是出家人，正好一齊去念經。」因爲我和他素昧生平，所以不敢相勞。他還堅持邀請我出席他的歡宴，也被我拒絕；他要送我好多幅蘇州的刺繡，我也沒有接受。

那時他已是江蘇省蘇州市佛教協會會長的身分，我竟拒人於千里之外。從常人角度來看，可能覺得我做得太絕了。所以這次到了蘇州，我特地要去拜訪。

到了該寺大門口，我便對安上長老說：「一九八八年我回到張家港時，承蒙接待，今天特別來禮謝。」他倒好像已經把過去的事忘掉。非常親切的帶我到大殿禮佛，接著他給我們的出家眾及少數幾位居士，簡單的講了幾句開示。並且要我爲該寺的二十多位僧眾開示。其實，他們的住眾，都在忙著招呼我們的團員及其他的香客、遊客，能進入會客室來的只有六位做服務工作的青年僧侶。看起來如果我講開示，多半是講給我們自己的人聽。但是他的盛情難卻，我還是做了簡單的談話。讚歎安上法師數十年來，都在爲著維護西園寺的佛教文物努力，乃至於文革期間，他寧做

▲西園戒幢律寺的大雄寶殿。

寺中的苦力勞動，也沒有離開西園寺。所以西園寺的五百羅漢像都還是完整無缺。藏經樓的法寶也能保存下來。目前的西園寺雖然住眾不多，卻多是優秀僧青年，所以也將西園寺古剎照顧成為國際聞名的佛教道場。我講完之後安上長老又說了一段讚歎我的話：「各位是法師的常隨眾，蘇州各寺廟的人，則是法師的親近眾，我們用聖嚴法師的《戒律學綱要》為課本，在國內各寺院都有，雖然沒有辦法直接受法，但求從書中聞法。弘揚佛法的目的是普度眾生，皆成佛道。」

他對我的著作，應該相當清楚，多年來由香港以及大陸內地發起簡體字印贈；像《正信的佛教》、《學佛群疑》、《聖嚴法師介紹佛法》、《印度佛教史》，以及《戒律學綱要》等書，多半會通過各省的佛教協會，分送到各寺院及佛學院去，安上法師也是其中最熱心的長老法師之一。因此我說：「我很慚愧，書寫得不是很好，對國內的奉獻太小，有很多書在二十年前就寫了，有一些不妥當的部分，尚請安老發現後，幫忙刪掉。」

他說：「發現過了，我們能理解，時空不同，是正常的。」

安上法師應該是江蘇省蘇州市佛教界的最高領導，能對我有這樣的理解和諒解，眞是夠開明了。

四七、五百羅漢

然後他親自帶我們參觀該寺聞名世界的藝術雕塑五百羅漢堂。同時也送了我一冊《西園寺五百羅漢》，我對藝術並不內行，走在堂內陳列室的甬道中，僅僅走馬看花。其中最逗趣的是濟公活佛像，從右側看是在笑，從左側看又在怒。此處的五百尊羅漢，每一尊的姿態和表情都不相同。

羅漢是梵文阿羅漢（Arhat）的簡稱，意思是殺（煩惱）賊、應（受）供（養）、離惡、不生等，是小乘第四果解脫自在的聖者。於諸大乘經中，通常有「一千二百五十人俱，皆是大阿羅漢」聽佛說法，此如《般若經》、《金剛經》、《阿彌陀經》等所見。也有「與大比丘眾萬二千人俱，皆是阿羅漢」，此如《法華經》所見。若從佛傳的記載來看，釋迦世尊成道後的第四年時，已經有了「一千二百五十人」的羅漢弟子群。

至於五百羅漢的出典，在大小乘經律中，也各有依據。《阿含經》常有「大比丘眾五百人俱」的集會。在《法華經》中有〈五百弟子授記品〉，是說釋迦牟尼佛給五百大羅漢預告將來何時成佛，佛號爲何。在佛教史上傳誦最廣的說法，是釋

▲五百羅漢堂裡的羅漢像。

迦世尊涅槃之後，有五百位大阿羅漢在七葉窟，結集佛的遺教，由阿難尊者誦出經藏，由優波離尊者誦出律藏，都可說明五百羅漢在釋迦佛世，確有其人其事。

五百羅漢的名字，具體介紹出來的，是在《大明續藏經》第四十三帙，收有《乾明院五百羅漢名號碑》一卷。裡面說到佛涅槃後，有十八位尊者及五百羅漢住世的記載。就我所知，大陸現在有五百羅漢像的寺院，除了蘇州西園寺，尚有天臺山國清寺、福建太寧縣瑞豐巖、浙江金華西巖寺。不過像國清寺的五百羅漢像，已經被破壞，現在正在重新雕塑中，其他兩寺的情況如何，我不太清楚。現在西園寺之所以把濟公活佛放在五百羅漢之外，增加了一尊，因爲相傳他是國清寺五百羅漢的某一位羅漢托胎應現，所以在西園寺也可以看到濟公的立像。

一般寺院僅供十八羅漢像，原先只有十六羅漢，例如玄奘三藏譯《大阿羅漢難提蜜多羅所說法住記》便是介紹十六羅漢比較詳細的文獻，西藏所傳也是十六羅漢。後來變成十八羅漢，則有兩說：1.《佛祖統紀》云，加入了大迦葉及軍徒鉢嘆，2.西藏的傳說則加入了達摩多羅尊者及布袋和尚。

五代的貫休和尚，夢中感應十六羅漢而做畫像；宋代西蜀金水張氏加畫迦葉及軍徒鉢嘆兩尊者，故成現在一般寺院的十八羅漢像了。

我對於西園寺的歷史不太清楚，也未找到資料，只知道創建於元朝。主要的建築物是山門前牌坊、天王殿、大雄寶殿、五百羅漢堂等。因為當天下午要趕到杭州，所以逗留一小時之後，就離開了。安上方丈送我們到山門外，也看到寺內寺外職工菩薩們，一律穿著白色的工作裝，對我們出家眾都非常恭敬。

四八、通往杭州的路上

下午三點，我們從蘇州出發，往杭州方向進行。

中國人一向都說：「上有天堂，下有蘇杭。」因爲蘇州就在太湖之旁，同時還有許多小湖及水路圍繞，所以一向被稱爲魚米之鄉。杭州靠近錢塘江，又有西湖在旁，雖然西湖的面積無法與太湖之大相比，交通便利，物產豐富，風景優美，則不亞於蘇州。尤其是在春秋戰國時代，越王勾踐和吳王夫差之間的故事，加上了西施的故事，就把蘇州和杭州，非常緊密的連在一起了。我們這次的行程，並不是爲了欣賞蘇州和杭州的風土之美、山川之秀，但是爲了古道場的巡禮，就安排了這條線路的行程。

從蘇州到杭州的路線，是沿著江南的運河行走。這條運河，從蘇州向南，經過嘉興，到達杭州，而由錢塘江出口。從蘇州向北，經無錫、常州、丹陽而從丹徒進入長江，對面就可以通到揚州。聽說隋煬帝南巡，就是從揚州到蘇州然後至杭州。當時他是爲了旅遊，開鑿運河，勞民傷財，因此而亡國，想不到卻便利了後代的交通運輸。直到現在，我們見到的這條運河，交通量還是非常繁忙。

運河的兩旁有許多河道的支流，也使得這個區域的水利灌溉相當充沛，農作物的出產也非常豐富。我們沿途看到遍野的油菜田、麥田、桑田。比起安徽和江蘇兩省的氣候，浙江就暖和一點了，所以已經看不到金黃色的油菜花，只看到結實纍纍的油菜子包。麥子多半已經抽出豐滿的穗來。桑樹田都是半人或一人高的灌木叢形態。有些水田，已經犁了田，放了水，準備好了秧苗，快要插秧了。這使我想起了童年時代，跟著父母以及兄姐們，在田裡耘草、蒔稻、種菜、刈麥等情景。只是景色似曾相識，人事則已全非。佛說無常，其中也有常理。諸行無常的事實，是永遠推不翻的。所以看到春暖花開固然好，遇著隆冬蕭瑟也不一定壞。

經過三個半小時的車程，進入了杭州市區，先到「金沙港文化村」用晚餐，然後於晚上八點半抵達今、明兩晚的投宿處，西湖邊上的「望湖賓館」。他們給我的房間相當好，是兩間套房合成的貴賓大套房，有起居室、會客室以及臥室，還有兩套衛生設備，可是，名叫望湖賓館，在我的四樓房間窗口，卻望不到西湖。

四九、淨慈寺・雷峯塔的故事

四月三十日，星期二，晴。

早上七點十五分，在望湖賓館早餐，餐廳不夠大，分成兩間，彼此有門相通。

八點三十分，準時登車出發，行車半小時後，到了淨慈寺。知客戒宗法師迎於寺前，監院妙高法師接於大殿，兩位都是三十歲上下的僧青年，據說方丈雪相法師因病外出治療，故未見面。此寺現住僧眾三十多單，職工一百多人。女眾職工穿海青，她們知道我是來自臺灣的聖嚴法師，也許是聽過我的錄音帶或者看過我的書吧，所以其中有幾十位一再向我俯伏頂禮，並且爭相供養，少則十元、二十元，多則五十元，乃至一百元者也有六位。不斷的簇擁跟隨，人數越來越多，好像我到淨慈寺就是爲了接受她們的膜拜供養。我必須趕著參觀寺內的各項設施，不得不向她們說：「大家要多念佛、多拜佛、護持常住、多發心，我是一個普通和尚，請不要拜了。」最後應她們的要求，跟她們合影一張照片，大家才滿意的離開了我。

▲淨慈寺位於南屏山的慧日峯下，依山而建，面對西湖。

這是我四次進入中國大陸以來，在所有的寺院之中，唯一的一次經歷，受到許多本地信眾的禮拜供養。在大陸所見的佛教徒，大致上都是信佛不敬僧，也不知法，想不到在杭州的淨慈寺，遇到了幾十位正信護法的三寶弟子。這一定是淨慈寺的出家眾，平時教導有方，雖然我沒有見到方丈雪相法師，但有這班清信女的表現，已經使我大為感動和欽佩。我在其他大陸的道場，所見寺內寺外的職工人員及香客遊客，他們對出家人，以及見到像我這樣外來的僧侶是不會太在意的。在淨慈寺就讓我感覺到大陸的佛教還是很有前途的。

這一班清信女，希望我給她們做簡短的開示，我想了一想，只有勸她們多拜佛、勤念佛。她們倒很歡喜我的叮嚀。

淨慈寺位於南屏山的慧日峯下，依山而建，面對西湖。在西湖十景中，淨慈寺境內佔了兩景：一是「南屏晚鐘」，一是「雷峯夕照」。所謂南屏晚鐘是在殿前的左側，懸於鐘樓之上，現在這口鐘是文革後日本佛教界贈送的，是一萬公斤重的大銅鐘，凡是進寺遊覽的人，多半會登樓撞鐘，對於海外的遊客，每撞一次人民幣十元，整天都可以聽到鐘聲。知客讓我也扣一次鐘，我說：「做一日和尚撞一日鐘，我時時都在扣心鐘。」

雷峯塔位於淨慈寺前的夕照山上，面臨西湖，是北宋吳越王的妃子黃氏因得子而興建的，時在北宋太祖開寶八年（西元九七五年），原名黃妃塔，據說彼處本是雷姓的人氏居住，故稱爲雷峯。《西湖夢尋》中稱，元末失火，僅存塔心。又有紀說，明世宗嘉靖年間（西元一五二二—一五六六年），倭寇入侵，縱火焚塔，自此僅存塔坯。到了清末，鄉人傳言雷峯塔磚，可利農蠶，可保平安，競相挖取，塔基損壞嚴重，故於民國十三年（西元一九二四年）九月二十五日下午一點半，該塔突然倒塌。塔傾圮後，發現塔磚中藏有吳越國王錢弘俶遺物《一切如來心祕密全身舍利寶篋印陀羅尼經》，還有木刻塔圖、磚雕佛像等。

雷峯塔與民間小說《白蛇傳》的關係，探其歷史過程，應有二個階段：

（一）在南宋時代，民間開始傳說，有一位臨安的青年，名叫奚宣贊，因迷路而遇一少女白卯奴，少女有母，乃白衣婦人，有祖母，乃黑衣老婆，因此相識，而與之相偕同住，結果白衣婦人要暗中殺害青年，而被少女白卯奴救出。嗣後，被某道士識破，奚宣贊所遇老中少三女，均非人類：少女是雞妖，白衣婦人是白蛇，黑衣老婆是獺妖，故將之分別鎮壓於西湖三潭印月的三座白塔之下。

（二）《白蛇傳》的故事來歷，依據明末洪楩所編《清平山堂話本》中所題〈西湖三塔記〉收有明末馮夢龍所編《警世通言》卷二八，載有〈白娘子永鎮雷峯塔〉的傳說。明末神宗萬曆年間（西元一五七三——一六一九年），陳六龍依據《白蛇傳》而作《雷峯塔傳奇》的戲曲。清代又有無名氏作三種《雷峯塔傳奇》。總之，明以後關於《白蛇傳》的民間傳說，使用鼓詞、南詞、八角鼓、子弟書、鼓子曲、寶卷等多姿多彩的形式，在民間受到廣大群眾的歡迎。

可知《白蛇傳》的故事，出於浙江的西湖，先與三潭印月的三塔結合，後與雷峯塔相連。有關《白蛇傳》的種種形式版本，有一位傅惜華，將之編集成冊，名爲《白蛇傳集》，一九五五年上海出版公司刊行，另於《西湖佳話》中也有記載。至於《白蛇傳》中的情節，仍是沿襲第一階段而來，不過將雞妖少女白卯奴、白蛇妖白衣婦人，混合寫成了白素貞（白娘娘）及小青，奚宣贊寫成了許仙，道士寫成了金山寺的法海和尚，三潭印月的三塔寫成了雷峯塔。《白蛇傳》的故事更具戲劇性，有大場景的白娘娘發動大批蟹將蝦兵，來水漫金山，救出情郎許仙，當然要比僅以西湖爲舞臺，聲勢更爲浩大。這個動員水族的構想，應該也是脫胎於獺妖所變的黑衣老婆吧！

五〇、永明延壽禪師

淨慈寺是由吳越王錢弘俶創建於後周世宗顯德元年（西元九五四年），初名「慧日永明院」，迎請道潛禪師入寺，開壇說菩薩戒，一次傳戒法會就有幾千人。他亦是該寺的開山第一代，於北宋太祖建隆二年（西元九六一年）圓寂。嗣後，錢弘俶便從靈隱寺禮請延壽

日朗清風、蒼翠掩映，在古樸素靜中透露出莊嚴的氛圍。

智覺禪師來爲該寺住持，前後達十五年之久，出家弟子有一千七百人。他主張禪教一致；又稱爲宗教一致，他的代表著作《宗鏡錄》一百卷，其內容廣徵博引大乘經典一百二十種，諸祖語錄一百二十家，聖賢集六十種，因此而保存了許多現在已不見其原著的珍貴文獻，乃是一部集佛教各宗各派學術思想之大成的鉅著，全書共八十餘萬言。由於此書是撰於雪竇寺的時代，定稿於永明院的法堂，故改法堂之名爲「宗鏡室」。他倡導性相融會、禪教一致、禪淨合行。他修行萬善，每日行一百零八件善事，專心稱念阿彌陀佛名號，每一日一夜十萬聲，而迴向往生西方極樂淨土。

▲永明禪師的道場。

永明禪師是杭州佛教史上最傑出的高僧之一。他的思想影響深遠，他的智慧，胸羅太虛，在智者大師之後，幾乎無人能出其右。圓寂之後宋太祖加謚爲「智覺禪師」。清世宗雍正皇帝閱覽《古來諸高僧語錄》後，稱讚永明禪師說：「宋初，永明延壽智覺禪師，實爲出類拔萃，其所著《唯心訣》、《心賦》、《宗鏡錄》、《萬善同歸集》等書，實出宗教合一之的論，與後學參證禪徒大有裨益。朕親加選錄刊刻，頒示天下叢林。禪師可爲曹溪以後善知識中傑出之人，著加封妙圓正修智覺禪師。」

雍正皇帝在其《御選語錄·序》中，稱讚永明爲曹溪惠能之後第一人。

由於淨慈寺歷代出有高僧，乾隆皇帝南巡淨慈寺時，手書「正眼法藏」題字，因此該寺被譽爲杭州第一叢林。

五一、湖隱道濟禪師

南宋寧宗嘉泰四年（西元一二〇四年）淨慈寺毀於大火，住持德輝禪師隨火焚化，而有道濟禪師（西元一一九二—一二五一年）就是民間傳說中的濟公活佛，時為該寺的書記，參與募化，再建寺院。關於濟公的傳說，除了民間的《濟公傳》把他寫成瘋癲，不近人情，神奇而不守律儀，同時在臺北新文豐版《卍續藏》第一二一冊中，也收有南宋沈孟柈編述的《濟顛道濟禪師語錄》（以下略稱《濟顛語錄》）一卷，描寫得那樣出格越軌、不守戒律、玩世不恭、嬉笑怒罵，渾然一副瘋癲滑稽相。

甚至《卍續藏》所收的《濟顛語錄》，則把他描述成童年神穎，少年出眾，乃一翩翩佳公子的傑出俊秀才。跟隨靈隱寺的瞎堂慧遠禪師披剃出家禪修悟道之後，頓時變成見人就撞，大吵大鬧，不守寺規的瘋癲僧了。寺眾相議要逐他出寺，幸好他的師父瞎堂禪師告誡寺眾：「禪門廣大豈不容一癲僧。」因而留下。又說他嗜酒成癮，每酒必痛飲十碗以上，不至大醉不止，醉後始能寫作詩文，下筆如有神助，文思敏捷，文辭脫俗而言之有物。醉後即能辦事、化緣、顯神異。平日很少在寺中找到他，總是到處找人作東討酒喝。乃至不避魚肉，最後靈隱寺首座及執事們聽他說：「我連日在昇陽樓飲酒，新街里宿娼。」便造成了他離開靈隱寺投奔淨慈寺的結果。

說他宿娼，乃是順著俗人的意思，《濟顛語錄》有八句詩自述其心跡：

「每日貪盃又宿娼，風流和尚豈尋常。

恁伊萬種風流態，惟有禪心似鐵堅。

暫借夫妻一宿眠，禪心淫慾不相連。

從來諸事不相關，獨有香醪眞個貪。」

由此可知道濟禪師嗜酒是眞的，宿娼貪色則未必。描寫他貪杯的還有詩說：

「何須林景勝瀟湘，只願西湖化爲酒。

和身臥倒西湖邊，一浪來時呑一口。」

此在調侃他自己，嗜酒裝瘋，而富於文人的幻想。但他畢竟是圜悟克勤禪師的再傳，又是瞎堂慧遠佛海禪師的嫡傳，絕不至於瘋癲到不成體統的程度。而且當時南宋朝廷的高官顯貴，都喜與他交遊，除了一般信徒喜歡他，他也曾到永興寺、崇眞寺、清溪道院等各佛道寺院盤桓，受到接納。縱然出格，不至於亂來。故於《北礀居簡禪師文集》中有一篇爲道濟禪師寫的〈隱湖方圓叟舍利銘〉，是爲道濟的舍利被邦人分藏而撰，對道濟的評介是：「受度於靈隱佛海禪師。狂而疎，介而潔，著語不刊削，要未盡合準繩。往往超詣，有晉宋名緇逸韻。信腳半天下，落魄四十年。……題墨尤雋永，暑寒無完衣，予之尋付酒家保。寢食無定，勇為老病僧辦藥，游族姓家，無故強之不往。……公也不羈，諧謔峻譏，不循常度，輒不踰矩。白足孤征，蕭然蛻塵……。」

這才是真正的道濟禪師風骨寫照，除了「寢食無定」、「無完衣」、「付酒家保」等等，是與平常比丘不同者外，他雖「不循常度」，也是「輒不踰矩」的僧人，何況能以之與「晉宋名緇逸韻」相讚，道濟乃是一位隱士形態的高僧。食肉宿娼等的傳說該是後人的杜撰。即使《卍續藏》所收的《濟顛語錄》體例已是俚俗化的小說模式，非正常的宗門語錄，我推測是編集者依據民間傳說故事，以及從鸞壇降神問取的管道，加上若干真實史料，編輯而成類似傳記式的故事。它的真實性的成分是值得考察的。

不過，南宋寧宗嘉泰四年（西元一二〇四年）德輝禪師任淨慈寺住持，遇到一場大火，燒掉五百多間殿宇，德輝也與寺一同化去，道濟禪師正在淨慈寺任書記，協助化募重建工程，由朝廷撥資三萬貫鈔，歷二年完成。其間並未說到如《濟公傳》所傳，從遠處化得木材，由寺內的井中運出。由道濟禪師親撰〈重建淨慈寺疏文〉中，亦未有這項神蹟記述。在《濟顚語錄》中也只說：「濟公曰：『我已化了，明日施主至。』次日果見朝廷差太尉押到寶鈔三萬貫，言：『夜夢金身羅漢募緣，故朕完成勝。』」

這樣以金身羅漢顯神異，向朝廷募化的事，還有一次是以太后爲對象，募了三千貫。因此傳說道濟禪師是天臺山國清寺五百羅漢的某一尊羅漢應現了。其實佛世的羅漢必然不犯五戒十善的，雖有一位莎伽陀羅漢，誤喝酒醉的例子，卻被佛所訓誡。所以眞的羅漢是不可飲酒的。千萬不要上當，見到和尙喝酒破戒，還說是羅漢的化現。

至於「運木古井」如今早已成爲淨慈寺的殿前古蹟，乃爲遊客必看的景象；此乃是傳說創作的神話，藉神話建設人文景觀，雖與史實不符，卻能滿足民間閒談的話題。

道濟禪師於南宋寧宗嘉定二年（西元一二〇九年）圓寂於杭州的淨慈寺。臨終有偈：

「六十年來狼籍，東壁打到西壁；
如今收拾歸來，依舊水連天碧。」

五二、淨慈寺的歷代高僧

（一）宗本（西元一〇二〇—一〇九九年）及善本（西元一〇三五—一一〇九年）：在北宋時代的淨慈寺，名僧接踵，龍象成群，智覺延壽之後有圓照宗本，及大通善本相繼住持杭州淨慈寺，先後成爲北宋京都開封的高僧。蘇軾曾兩度來杭州任官，對佛門長老至爲關切，曾抱病探訪圓照宗本和大通善本等多位禪師，而且常在一齊商談疏濬西湖、救濟澇旱的對策，在《東坡志林》這本書中，對於圓照的推崇，稱其爲：「志行苦卓，教法通洽，晝夜行道二十餘年矣。無一念頃有作相，自辨才歸寂，道俗皆宗之。」所說的辨才，是上天竺寺的住持元淨，因他和蘇軾等人都曾經反對王安石的變法，而受到迫害，蘇東坡把淨慈寺圓照的感化力和元淨相比，可想而知圓照在蘇軾心目中的重要地位。

宋都南遷到杭州之後，淨慈寺也經過幾次的毀建。在南宋寧宗嘉定十三年（西元一二二〇年）重建之後，殿宇輝煌宏大，突顯於湖山之間，極爲壯觀，有翰林程珌記文，稱該寺的建築：「濕紅映地，飛翠侵霄，檐轉鸞翎，階排雁齒。星垂珠網，寶殿洞於琉璃；日耀璇題，金椽聳乎玳瑁。」

(二)長翁如淨(西元一一六三—一二二八年):曹洞宗第十三代祖師長翁如淨,曾兩度來杭州,住在重建之後的淨慈寺。他原在雪竇寺出家,雲遊二十多年,得法後住持建康清涼寺,建康就是現在的南京。後到臺州的淨土寺、定海瑞巖寺,再回到淨慈寺。到了南宋理宗寶慶元年(西元一二二五年),才住天童寺。因此如淨圓寂後,也歸葬於淨慈寺後的南屏,今天淨慈寺後仍保留如淨的墓塔。日本曹洞宗的開創者道元,得法於如淨,所以在他的派下,也奉淨慈寺為他們的祖庭和祖塔。

(三)無學祖元(西元一二二六—一二八六年):南宋理宗嘉熙二年(西元一二三八年)無學祖元禪師,於淨慈寺的北磵居簡禪師座下落髮,在此住了五年,又到徑山參無準師範禪師,再至靈隱寺參了石谿心月禪師,三十六歲時開悟,後至天童寺。

在南宋帝昺祥興二年(西元一二七九年),也是南宋滅亡的那一年,由於日本的執權北條時宗,對禪宗信仰殷切,故遣使來華,邀請祖元禪師。當年八月,至太宰府(古代日本掌管海防及外交事務之官府)報到,然後即到鎌倉,住於建長寺。日本弘安五年(西元一二八二年),北條時宗為祖元在鎌倉創建了圓覺寺,該寺迄今仍以祖元禪師為其開山祖師。弘安九年,祖元圓寂,世壽六十一歲。由於這個原因，淨慈寺也是日本鎌倉臨濟宗的源頭祖庭。

我對無學祖元禪師最敬仰的是，當元朝的大軍壓境之時，他住於溫州能仁寺，所有的僧眾都遠走逃難，唯獨他在堂內坐禪不去。元軍首領來時，見祖元一人未逃，即揮劍架於師頸，而問：「你這和尚不怕死嗎？」師則神色不動，並且朗誦一偈：

「乾坤無地卓孤笻，
喜得人空法亦空。
珍重大元三尺劍，
電光影裡斬春風。」

結果令元軍欽佩。因此我經常用這四句話來自勉勉人；學佛的人應該做到臨危不亂，置生死於度外，才算得是眞

▲佛教淨土宗六祖的道場——淨慈寺。

修行者。

（四）高峯原妙（西元一二三八—一二九五年）：在元代八十九年之間，淨慈寺的傑出高僧不多，能爲後世大家熟悉的高峯原妙及中峯明本二位大師，則均曾與淨慈寺有因緣。

高峯原妙是吳江人，十五歲投嘉禾密印寺的法住爲師，十六歲落髮，十七歲受具足戒，十八歲習天臺教觀，二十歲入淨慈寺，立三年死限學禪。二十二歲參「生從何來死從何去」話頭。脅不止席，口體俱忘。於雪巖祖欽禪師處，令看「無」字話頭，並追問：「誰與你個死屍來？」經過幾番打喝逼拶。復考「萬法歸一，一歸何處」話頭，疑情傾發，三晝夜目不交睫。一日隨眾詣三塔諷經中，抬頭忽見「五祖法演和尚眞讚」云：「百年三萬六千朝，返覆元來是遮漢。」驀然打破「拖死屍」的疑團。那年他是二十四歲。當年結夏安居了，即往祖欽禪師處考檢印可，並且隨侍服勞。

一日祖欽禪師問：「日間浩浩時，還作得主麼？」

師云：「作得主。」

又問：「睡夢作得主麼？」

師云：「作得主。」

又問：「正睡著時，無夢無想，無見無聞，主在什麼處？」

師無語。

祖欽禪師囑曰：「從今日去，也不要汝學佛學法，也不要汝窮古窮今。但只飢來喫飯困來打眠。纔眠覺來，卻抖擻精神：我這一覺，主人公畢竟在什麼處安身立命？」

這一段對話，極其精彩，我也是常以此提醒自己，勉勵他人。此時的原妙禪師尚未徹悟，故被問起睡著無夢無想時的主人公何在，就答不上來了。因此他發奮自誓：「拚一生做個癡呆漢，決要遮一著子明白。」

過了五年，因同室道友推枕墮地作聲，廓然大悟徹底。而說偈曰：

「如泗州見大聖，遠客還故鄉。

元來只是舊時人，不改舊時行履處。」

自此又經九年苦行，據其〈行狀〉有云，他住龍鬚時：「縛柴爲龕，風穿日炙，冬夏一衲，不扇不爐，日搗松和糜，延息而已。嘗積雪沒龕，旬餘路梗絕煙火，咸謂死矣，及霽可入，師正宴坐那伽。」（「那伽」是入定的意思，《俱舍論毘婆沙》卷一三有云：「那伽」行住坐臥都在定，本係龍、象、羅漢、佛的尊稱）

不久，原妙即成一代宗師，學徒雲集。南宋之末，徒眾逃避兵亂而去，原妙便獨自在西天目山掩關，乃至於石洞前築小室，門上榜以「死關」二字。仍隨緣接眾。

他有「三關」語，用來勘驗學禪者的工夫：

1. 大徹底人，本脫生死，因什麼命根不斷？

2. 佛祖公案，只是一個道理，因什麼有明與不明？

3. 當遵佛行，因什麼不守毘尼（戒律）？

若有前往參學的禪者，對答不能契合，他便閉門拒客。

後居天目山大覺禪寺。寂年五十八歲，弟子百人，受戒及請益者數萬人。原妙禪師對於後世禪者的影響很大。明末蓮池大師所輯《禪關策進》，便錄有〈天目高峯妙禪師示眾〉語錄，直到現在，日本及歐美禪者，也還運用著哩。原妙禪師雖在淨慈寺僅住了四年，那卻是他走上禪者旅程的起點。

原妙禪師的弟子中峯明本，對於近世中國的禪淨二宗，均有很大貢獻。他有禪門語錄，也有淨土詩。現時仍被廣泛採用的《三時繫念》，即出於明本的編撰。圓寂後被朝廷追謚爲「普應國師」。

另有一位名聞京師的孤峯明德，也很傑出，後人合稱此三人爲「淨慈三峯」。

（五）蓮池大師（西元一五三五—一六一四年）：在元泰定帝泰定初年（西元

▲淨慈寺的鐘樓，鐘直徑二點三米，高三米，重二萬一百四十七斤。

一三二四年）淨慈寺的寺規嚴整，上堂時僧眾五百多人，不准圍爐閒談，不准閱覽佛教典籍以外的書類，不准僧人隨便出入。當時有一位恕中無慍禪師在此掛單，因爲閱讀《莊子》而受到嚴厲訶責；可是到了十多年後的順帝至元年間（西元一三三五—一三四〇年），該寺的僧人，就很混雜，並且已有在寮舍圍爐，撫琴弈棋等不務正業的衰象。

此後直到明末爲止，住持性蓮發動地方的官員、居士去迎請蓮池大師到淨慈寺講《圓覺經》，及永明延壽禪師的《心賦》，因此而來淨慈寺赴會的各方道俗信眾有萬餘人，每天用大鍋煮飯供應兩餐，前後五十三天，該是一大盛會了。此在〈蓮池大師塔銘〉也提到「淨慈之席」的事。在其自撰的詩歌中，亦有〈淨慈講圓覺經雪中送別皖城劉景孟方伯〉的詩。嗣後直到清末民初，淨慈寺已少見有類似大師級的龍象蹤跡了。

（六）太虛大師（西元一八九〇—一九四七年）：最後值得一記的是民國十年（西元一九二一年），太虛大師應邀擔任淨慈寺的住持。根據印順老法師所編《太虛年譜》，有如此的介紹：「二月二十三日，大師任西湖淨慈寺住持。大師久欲憑藉禪林，以實施理想之改建，爲佛教樹新模。適以淨慈虧欠甚巨，無法維持，乃由華山徒屬之因原、如惺介紹，接已故之雪舟和尚法而進院……。大師著手於淨慈寺之興革：取締鴉片酒肉；修濟公殿；嚴飾佛像；陳列佛學書報以供眾閱；改禪堂爲角虎堂，以繼永明禪淨雙修之風；且籌辦永明學舍，以作育弘法僧才；設佛教慈兒院，以教育小沙彌。次第推行，百廢俱興。」

可是他在淨慈寺的改革，並不順利，雖然得到徐世昌大總統頒贈「南屏正覺」四字匾額來獎勉他，但寺院內及地方上反對的勢力很強。太虛大師離開杭州前往北京講《法華經》期間，浙江省省長沈金鑑，以潘國綱、張載陽等的關係，撤銷大師淨慈寺住持職。大師在京聞之，上訴平政院，事後擱置。

關於淨慈寺的糾紛，是由腐僧、土豪、惡吏相勾結，現存大師當時所擬答辯的文字中，可以概見一、二，關於詳細的資料，請參考《太虛大師年譜》。其實像太虛大師這樣的人，從來沒有在一個寺院擔任長期住持職務的可能，所以這件事後來就不了了之。

五三、靈隱寺

上午，離開淨慈寺前往靈隱寺，此寺是在北高峯之下，緊依飛來峯，也在西湖邊上，不過要從環湖公路向山區走一段路。西湖一邊是平原，一邊是山區，淨慈寺在山區的南邊，靈隱寺是在山區的近北邊。

到達靈隱寺時，有青年知客師迎於山門前，他們目前沒有方丈，當家監院是現年七十三歲的繼雲法師，在大殿歡迎我們，到客堂贈送紀念品及供養。我問及是否有最新修訂的《靈隱寺誌》，他說還沒有。不過送了我一冊冷曉所編的《杭州佛教史》，其中資料不少，只是有點雜亂，考證不夠詳實，但已夠我作爲參考的線索之用。另外送我兩冊小書：1.滕建明、楊鑒非所寫的《靈隱軼話》，分上下兩篇：上篇是一九四九年以後靈隱寺的活動紀實，下篇寫的是流傳在民間有關靈隱寺的故事。2.巨贊法師所寫《靈隱小誌》，是根據歷代與該寺有關的史傳、誌書而寫的，雖然簡單，還算忠實。

靈隱寺又名雲林寺，創建於東晉成帝咸和元年（約西元三二六年），由西印度僧慧理來山，見到山崖秀麗，宛如印度的靈鷲山飛來一樣，所以直到現在還稱靈隱寺上方的山峯爲飛來峯。又因傳說，此處是古仙人隱居之處，建寺即名爲靈隱。

▲靈隱寺飛來峯的雕塑。

五四、靈隱寺與南方佛教

到了西元第十世紀吳越王時代，此寺的建築有九樓、十八閣、七十三殿、僧房一千三百多間，僧眾三千多人。經過歷代的興廢，現在靈隱寺的主要建築，已經過一九五三年及一九七五年兩次大規模的整修。幸有周恩來下令保護，在文革期間，靈隱寺未遭受破壞。但其主要的殿宇，只有天王殿、大雄寶殿、東西兩迴廊，及西廊房、聯燈閣、大悲閣。

現在天王殿門額上方有兩塊匾：下面一塊是黃元秀居士題的「靈鷲飛來」；上面一塊是康熙皇帝題的「雲林禪寺」。現在的「大雄寶殿」這四個字是由浙江名書法家沙孟海所題。

大殿佛像的背後，是善財童子五十三參雕塑群，而以參拜觀音菩薩為其主體，比起一般寺院大殿的海島觀音，更為生動，是其特色。在寺中天王殿前的兩側，各有石經幢一座，是北宋太祖開寶二年（西元九六九年）所建，由於年代久遠，經幢有幾層已經剝落殘缺。大雄寶殿之前有經塔兩座，是北宋太祖建隆元年（西元九六〇年）所造，據說是從吳越王錢氏的家廟遷移過來的。

靈隱寺從唐末五代，直到明末清初，都被視爲杭州的首剎，人才輩出。

若以中國佛教盛衰史的角度來看：唐末以後，中國的文化重心南移，這和北方異民族的統治，有相當大的關係。例如唐代李氏王朝滅亡（西元九〇七年）後，先是趙宋王朝建都汴京（開封）時代，便和北方的遼王朝並存，嗣後南宋時代的中國北方，又接受金王朝的統治；南宋偏安一百五十年（西元一一二七—一二七八年）之後，接著便是蒙古人統一中國的時代，成爲大元帝國。自唐亡迄元初爲止的三百七十多年之間，漢民族的文化，在北方衰退，漢族文化中的佛教文化，自然也受到影響。

遼金時代的中國北方，雖然也信仰佛教，可是沒有深厚的漢族文化基礎，到了蒙古族統治全國，漢文化的佛教也遭受到很大的歧視和壓制。

明代的朱氏王朝，一開始也是採取壓制佛教的政策，所以也很少有傑出的龍象，直到明末，佛教界才漸漸出現了興隆的景象。

因此杭州這個地方，佛教人才輩出的原因有二：1.是吳越王的錢氏家族虔誠奉佛，護持三寶，建築了大量的寺院。2.南宋建都杭州，佛教文化跟著受到重視。一直到明末爲止，佛教各宗的人才，幾乎多半出現在以杭州爲中心的東南十多省。特別是南宋的後期，日僧來宋求法者絡繹於途，從中國南方去日本弘法的中國禪僧也相當的多。就是到了元朝，中國佛教的人才，也是出身南方的居多。此一時期的淨慈寺及靈隱寺，便是相當活躍的舞臺。

五五、靈隱寺的高僧群

卓錫靈隱寺的十方高僧很多，舉其最傑出者有：

（一）智覺延壽（西元九〇四—九七五年）：吳越王錢弘俶於北宋太祖建隆元年（西元九六〇年），從奉化雪竇寺請來天臺山德韶禪師的再傳弟子智覺延壽禪師，住持靈隱寺，關於他的事蹟，在第五〇篇已有介紹。

（二）贊寧律師（西元九一九—一〇〇一年）：他在靈隱寺出家，精於南山律學，曾被宋太宗賜號「通慧大師」，擔任翰林史館編修，並受詔撰寫《大宋僧史略》三卷、《大宋高僧傳》三十卷，並著《三教聖賢事跡》一百卷、《內典集》、《外學集》等。可見他不僅是一位佛教的律師，更是當時一位國寶級的歷史學大師。

（三）明教契嵩（西元一〇〇七—一〇七二年）：北宋仁宗慶曆年間（西元一〇四一—一〇四八年）仲靈契嵩擔任靈隱寺住持，他是雲門宗的禪僧，不僅對於禪境有深刻的證悟，同時博覽經史，學通內外，主張融合儒、釋兩家，導儒入佛，撰有《原教論》，反駁崇儒排佛的學者，受到朝野的崇敬，因此使得當時的丞相韓琦和原來撰文排佛的歐陽修等，都奏請朝廷將契嵩所著的《傳宗正祖圖》、

▲大雄寶殿前的經塔，傳為五代吳越國遺物。

《傳宗正法記》、《傳法正宗論》三書合稱《嘉祐集》，以及另一部《輔教篇》等，編入《大藏經》。宋仁宗准奏，同時賜號「明教大師」。因此也使得靈隱寺的聲名遠播，海內外四眾佛子爭相來此求法。而另一位高僧也就是原來蘇州洞庭山翠峯寺的住持重顯禪師，也於此時慕名到靈隱寺向契嵩求法。契嵩的不朽之著《輔教篇》是被傳誦最廣的一部佛教名著。

（四）重顯禪師（西元九八〇—一〇五二年）：關於重顯禪師親近契嵩禪師的故事，十分有趣：重顯禪師得法於智門祚禪師門下，在蘇州當了方丈退休之後，到靈隱寺掛單，無人知道他是誰，隨眾作息，擔任打掃廁所的工作。過了三年，其故友曾會厚學士來靈隱寺訪問，找到廁所旁的小屋，才見到他的名字而發現了他。像這樣的趣事，只有在這些傑出的高僧身上才會發生。

（五）大慧宗杲（西元一〇八九—一一六三年）：南宋時代，有一位臨濟宗最傑出的高僧，大慧宗杲，他在圜悟克勤門下開悟得法。於北宋欽宗靖康元年（西元一一二六年）受皇帝賜紫衣，並封「佛日禪師」號。南宋高宗紹興十一年（西元一一四一年），因不滿趙氏朝廷與北方的金廷媾和而被誣與張九成結黨，反對朝廷，勅令褫奪衣牒，充軍到湖南的衡州（現在的衡陽），後又到廣東的梅州，直到紹興二十六年獲赦，恢復僧籍，住靈隱寺，開堂說法。第二年才到徑山擔任第十三代住持。他與靈隱寺的關係雖淺，但在他獲得自由之後，所住寺院的第一站，也是值得紀念的地方。

南宋年間，另外還有兩位高僧，瞎堂慧遠禪師和《濟公傳》的主角道濟禪師。瞎堂慧遠禪師是圜悟克勤禪師的弟子。在南宋孝宗乾道六年（西元一一七〇年），慧遠禪師便受詔住靈隱寺，賜號「佛海禪師」；當時他的弟子道濟，即在此寺出家悟道，有些狂放不羈，有人提議將他逐出靈隱寺，慧遠則說：「禪門廣大豈不容一癲僧。」從此大家稱道濟為「濟顛」；此在第五一篇已經介紹。慧遠禪師遺有《瞎堂慧遠禪師廣錄》四卷。

（六）具德弘禮（西元一六〇〇—一六六七年）：清初有具德弘禮禪師是密雲圓悟的第三代傳人，得法於三峯寺的漢月法藏。清初擔任靈隱寺住持，大振臨濟禪風，開堂說法，廣授緇素皈依；重建靈隱寺，費時十八年，於清聖祖康熙五年（西元一六六六年）全部竣工。因此後人評說靈隱寺歷史上有三位大禪師並稱為「理公為祖，延壽為宗，具德中興」。由上可見靈隱寺對中國佛教史的影響相當的大。

我問當家繼雲法師：「太虛大師和蔣介石先生及靈隱寺當時的方丈卻非，有過一張合影的照片掛在靈隱寺，你見過嗎？」

他說：「是有這張照片，也見過，只是現在不知道收到哪裡去了。」因爲後來太虛大師的弟子將這張照片去掉卻非，只剩下蔣介石和太虛大師合影，與歷史的事實不符，所以也被識者指出是錯誤的作法，因爲三人合影，正可以證明太虛大師和蔣介石先生都同時到過靈隱寺；去掉了卻非和尚，也不說明是在靈隱寺的合影，這張照片就不知道是在那裡照的了。

五六、今天的靈隱寺

臨走時，我問當家師：「現在每天有多少客人來靈隱寺？」

他說：「平常一萬人次，假日四萬人次。」

因爲我們到訪的第二天就是五一勞動節，所以三十日的今天，正是遊客、香客，人潮沸騰的日子。

現在的靈隱寺，是一個綜合性的旅遊重點，它是公園、博物館、寺院及餐廳的結合體。進入靈隱寺至少要買三張票：一是園林的門票；二是寺院的門票；三是參觀重要文物的門票。寺院的門票稱爲香花券，每一人次八元。他們經營的餐廳，同時容納三百個席次，最低的消費額是每份三元人民幣。因爲到靈隱寺進香的香客不少，遊客也很多；來欣賞園林之美、旅遊之樂的人潮，已經到了摩肩接踵的程度。

除了寺院經營的餐廳外，也有不少飲食店及紀念品的攤販小店。

我在大陸各道場巡禮過程中，發現在寺院的內外環境中，有葷食買賣的只有靈隱寺。雖然他們是在寺外的公園區內，但也有拿著雞頭及雞腿進入靈隱寺大門的年輕人。大概是無法管制他們吧。

在寺內見到許多在家身分的服務人員，對出家人還算恭敬，聽說多半是退休以後的志願義工。至於專職的服務人員，每月薪水是人民幣一百五十至二百五十元之間，折合美金的比率是一比八。到靈隱寺參觀的人，一定會去遊「飛來峯」的七十二洞。目前七十二洞只有幾個洞開放，其他的因年代久遠已被淹沒了。最有名的是青林洞，洞口有一張石床，傳說開山祖師在此休息過，濟顚禪師也在此睡過覺。還有玉乳洞、螺蛳洞、香林洞、千里洞，以及飛來峯的摩崖造像，最早的石像完成於後周太祖廣順元年（西元九五一年），其次還有宋朝及元朝的作品。今天我因爲身體不是很爽快，腸胃不太舒服，頭腦也不太清楚，所以大家去參觀摩崖造像時，我就坐在靈隱寺的前院，俯瞰人群熙來攘往。

我坐在那兒，卻想起了白居易的一首詩，題爲〈靈隱寺〉：

「一山門作兩山門，兩寺元從一寺生；
東澗水流西澗水，南山雲起北山雲。
前臺花發後臺見，上界鐘聲下界聞；
遙想吾師行道處，天香桂子落紛紛。」

詩中的「吾師」是指當時靈隱寺的住持，名詩僧韜光禪師，這時的白居易，是在杭州擔任刺史，他與韜光禪師亦師亦友，以佛爲師，以詩爲友，直到現在，靈隱寺後的北高峯下，還有韜光庵的遺址。

從詩中的景色來看，當時的靈隱寺眞是一個仙境。現在已經看不到那樣的情景了。也許透過詩人的想像力，還可以描寫成人間仙境，用菩薩的心境也可以將靈隱寺看成是人間的佛國哩！

五七、弘一大師受戒處

此時，也讓我想起林子青先生所編《弘一大師年譜》中的記載：弘一大師是於民國七年（西元一九一八年）七月，在杭州虎跑寺隨了悟老和尚剃度出家，當年九月，即至靈隱寺受比丘具足戒，是年三十九歲。據他自撰的《四分律比丘戒相表記自敘》中，有這樣的敘述：「余於戊午七月，出家落髮，其年九月受比丘戒。馬一浮居士貽以靈峯《毘尼事義集要》，並寶華《傳戒正範》，披翫周環，悲欣交集，因發學戒之願。」

弘一大師所寫〈為夏丏尊書地藏本願經跋〉有云：「戊午九月，入靈隱山乞戒。」

在這兩段文獻中，告訴了我們，弘一大師受具足戒是在杭州靈隱寺，我們現在身歷其境，好像也參加了當時的傳戒大會。體驗一下弘一大師求戒時的心境。同時，他因披閱靈峯蕅益大師的《毘尼事義集要》以及寶華山見月律師所編的《傳戒正範》，而發心學戒；雖然他往後是直接以唐朝南山道宣律師的三大部為依歸，初心學戒乃是與明末的靈峯蕅益大師及寶華山的見月律師有密切關係。直到民國二十三年（五十五歲），他還爲見月律師的《一夢漫言》校閱標註並爲之編錄年表摭要，寫跋並記。甚至落淚不止，發願於明年往寶華山禮見月律師塔，後來雖未成行，而他對於學戒因緣的源流，還是念念不忘；他也曾爲藕益大師編了一冊簡略年譜，並鼓勵後學者要讀《靈峯宗論》，懷念感恩之情溢於言表。藕益大師是禪教律並重而歸心彌陀淨土，弘一大師乃教律並重而歸心彌陀淨土。藕益大師教依天臺《法華經》，而弘一大師棲心《華嚴經》的〈普賢行願品〉。近世印光大師專修彌陀淨土，而弘一大師雖然勸人多讀《印光大師嘉言錄》，自己則教律淨土並重兼修。

我的戒律思想，也受弘一大師律學撰著的啟蒙，我自己的具足戒源流，也與見月律師的系統相關，我的剃度師即是受寶華山的具足戒，我的學術思想的基礎就是建立在藕益大師的《靈峯宗論》，我從印光大師的著述中也吸收了不少與淨土法門相關的法益。

因此我到靈隱寺的體驗與感受，孺慕與懷念，眞不是用語言所能表達的了！

五八、西湖・西泠印社・鳳林寺

這天的中午，我們就在靈隱寺自營的素菜館用齋。

下午二點，前往西湖的花港公園，經過剛剛開過展覽會而已萎謝的牡丹花園，在此園中也看到了隋煬帝當年到揚州所看到的瓊花。過去我總以為曇花大概就是瓊花，這次才真正的看到了名副其實一花五蕊的瓊花；它是白色，有點像俗說的繡球花，但它不是繡球花而是瓊花。

花港公園是跟西湖的蘇堤和環河公路連接的一個半島，中有魚池，飼養了許多的錦鯉。因為乾隆皇帝曾題了「花港觀魚」四個字，其中的「魚」字下面只有三點，也變成了一景。

接著我們去西湖遊艇的碼頭，包了四艘上下兩層的遊艇，在西湖中，從「三潭印月」繞著「雷峯夕照」的半島，經過「柳浪聞鶯」的岸邊，沿著湖岸航向「湖心亭」方向，及「平湖秋月」的景點，在「樓外樓」附近上岸，到「孤山」參觀了「西泠印社」。

西泠印社原來是廣化寺舊址，該寺創建於南朝陳文帝時代，原名永福寺，白

▲西泠印社的庭院裡，有一個印章模型的大石雕。

居易守杭州時，曾在此寺築一閣。五代時贊寧在此當過住持。宋代改爲廣化寺，清末德宗光緒二十九年（西元一九〇三年）在此籌建西泠印社，民國二年（西元一九一三年）吳昌碩擔任社長，此印社是以保存金石、研究印學爲宗旨。當天我們看到許多石碑、石刻，還有一個印章模型的大石雕，約一米多高，展示在庭院中。聽說弘一大師刻的印章，也有幾個被收藏在此處。金石家的作品，能被品評合格收藏在西泠印社，那就表示已有相當高的水準了。

在西泠印社後方的孤山頂上，有一座「華嚴經塔」，是民國十三年（西元一九二四年）由弘傘法師等籌建的，共有十一層，是實心的，九、十兩層刻有清代揚州八怪之一的金農所書的《金剛經》石刻，最下一層有海寧的周承德所書的《華嚴經》局部。

從西湖中的孤山島，至西湖岸邊，有一條通道叫作「白堤」，上有「錦帶橋」和「斷橋」，在小說《白蛇傳》中，白娘娘和許仙「斷橋相會」的場景，描寫的就是此處。導遊人員說，因為大雪之後，隆起的橋頂積雪先溶，橋的兩端及白堤還是白皚皚的，看來便像斷了的橋。

我於此時想起，民國三十六、七年（西元一九四七、一九四八年）之間，杭州西湖邊上，有一所武林佛學院，該院有好多位師生後來到了上海，也是我的老師及同學，例如現在美國的仁俊長老及幻生法師，現在菲律賓的唯慈和自立兩位法師，就是當時該院的同學。我問起當地佛教界的人士，他們告訴我：「那時的武林佛學院所在地，叫作鳳林禪寺，也就是目前的杭州大飯店，又叫香格里拉大飯店。」這眞是滄海桑田、桑田滄海！回到美國，問起仁俊長老，他說武林佛學院的所在是武林寺，在福林寺後面的山上，不是西湖邊的鳳林寺，不過此三寺現在都已見不到了。

從西湖可以望見的鳳林禪寺，建於唐朝穆宗長慶初年（西元八二一年），圓修道林禪師曾在一樹上築巢四十多年，後人稱為鳥窠禪師。因此鳳林禪寺又叫喜鵲寺。當白居易守杭州時，曾去參拜道林禪師，得到兩句開示：「諸惡莫作，眾善奉行。」並告以此語雖簡單，其實難做到，故謂：「三歲小兒道得，八十老翁做不得。」另外道林禪師與其弟子之間發生「布毛侍者」的公案，也是在此鳳林寺的舊址。本來那兒還有鳥窠禪師的閣塔——那個鳥巢，現在已經變成了觀光飯店。

當天晚上我們還是住在望湖賓館，準備第二天要往天臺山巡禮。

五九、新昌石城山

▲刻著「石城古刹」的石牌坊，佇立在林蔭之中。

五月一日，星期三，晴。

上午六點三十分早餐，七點半從杭州望湖賓館登車出發，經過蕭山、紹興、嵊縣，到達新昌，便是天臺山的範圍，它是進入天臺山的大門。

在新昌的「白雲山莊」用過午餐，便進入大佛寺所在地的石城山，寺宇建在山麓的一個坡面上，下車步行十多分鐘，才到寺前。首先在林蔭之中看到一座石牌坊，眉額寫著「石城古刹」四個大字。

該寺的年輕監院傳實法師，在天王殿前迎接，引我們至大雄寶殿禮佛，我們去庫房的方丈會客室，拜會現年七十五歲的方丈悟道長老；他為了接待我們，特地從東陽市的橫店趕回來，他也是那邊大智寺的住持。看來他的日程也是非常的忙碌，在接見我們之後，略為寒暄，就交待監院陪我參觀大佛寺的各項建築設施，而他又登上專車返回橫店去了。

新昌大佛寺，位於天臺山延脈的石城山，開創於東晉，被稱為「天臺西門」；齊梁時代開鑿石窟，造摩崖大石佛，據說先後歷經僧護、僧淑、僧祐等三位高僧的陸續經營才完成。傳說這三位高僧是同一個人的三次轉世，因此稱為「三世石佛」又稱為「三生聖跡」。

如果以年代考察，這種傳說是不能成立的，僧護是北齊武帝永明年間（西元四八三—四九三年）來此開鑿十丈高的彌勒石像，僅完成頭部的雛形，因操勞病亡；第二位的僧淑來此，還是因為資金缺乏，未竟全工；第三位是僧祐律師於梁武帝天監十二年（西元五一三年）來此繼續動工，到天監十五年三月大功告成。

這三僧的先後年代，相距並不太久，從永明元年（西元四八三年）到天監十五年（西元五一六年），相差只有三十三年，說他們是轉生了三世的同一個人，是太過牽強附會了。

到了陳宣帝太建七年（西元五七五年），天臺智者大師初上天臺，經過石城山，此時的大彌勒佛像已經完成五十九年。隋文帝開皇十七年（西元五九七年）十月，智者大師奉晉王楊廣之命，去揚州弘法，又經過石城山，卻在此一病不起，四十五天之後，便圓寂於彌勒大佛石像之前。

六〇、大佛寺的彌勒大佛

大佛寺初創於東晉穆帝永和初年（西元三四五年），開山是一位印度來的高僧曇光。嗣後，于法蘭於此建元華寺，支道林立棲光寺；梁武帝天監年中（西元五〇二—五一九年），將兩寺合稱爲石城寺。在吳越時代改稱瑞像寺；宋初改名寶像寺；清初叫南明寺；清末始稱大佛寺。

此寺的彌勒大佛石刻坐像，號稱江南第一，高十五點六米，兩耳各長二點八米，頭部特別誇大，與常人的身體相比不成比例，但從下方向上仰視，又覺得相當相稱，並且令人感覺到穩重、莊嚴、慈祥、安定。

目前該寺爲了配合觀光旅遊事業，也爲了發展佛教雕刻藝術，正在寺前籌建一座大佛城，已經把境內左右山麓的數百戶民居，向外遷移，規畫出兩側的崖壁，開鑿複製國內各地著名石窟的大佛雕像。其中包括四川的樂山大佛、龍門的奉先寺大佛、雲岡石窟的大佛、敦煌石窟的大佛、麥積山石窟大佛、四川大足大佛等，且已經編印了一冊非常精美的《全國大佛像影畫集》。將來只要到了石城山大佛寺，就可以飽覽全國所有的大佛像了。這個構想很好，不過像這麼大的工程，要把各朝代的大佛像聚於一堂，重新雕刻，只可以說是相像，不會是眞的一模一樣。

這座寺院從南北朝迄於隋唐時代，相當隆盛，人才輩出，唐以後就不再有歷史性和全國性的龍象出現了。

此寺的歷代高僧，先是屬於般若學系統，之後則爲天臺學系統，到了明末，就變成了禪宗臨濟的系統。由於曾有智者大師圓寂於此，所以自唐宋迄今的天臺學者，包括日本天臺宗子孫，都會把此寺視作聖地、祖庭來巡禮。値得我們品味的是，魏晉南北朝時代迄於隋唐，佛教界對於當來下生的彌勒佛，有如此重視，天下大佛像之中，彌勒佛的數量，超過阿彌陀佛及釋迦佛；可知當時的彌勒信仰遠超過彌陀信仰。至於彌勒佛的身量應有多高多大？根據《彌勒下生經》所說：「彌勒身長千尺，胸廣三十丈，面長十二丈四尺。」

足徵僧護在石城山造十丈高的彌勒大佛像是取其十分之一，這是象徵追求彌勒早日下生人間的祈願。目前這尊像已全身重新貼金；中國的佛教建築物，雖然屢遭毀滅，石城山的這尊大佛像，都還能保持完整，倖免於難。

緊依大佛的石壁，建造五層佛閣，每層佛閣的前簷下，都有一方匾額，題著四個大字或三個大字，從下而上爲：「寶像莊嚴」、「大雄寶殿」、「三生聖跡」、

「彌勒洞天」、「逍遙樓」；外觀爲五層，內景則一間。其他道場的大雄寶殿，通例是供奉釋迦佛像，新昌大佛寺則以彌勒殿爲大雄寶殿，也是一大特色。

根據現在人的測量和介紹，這尊大彌勒佛石像，背連石壁，頸後洞空，坐像高十四米，佛頂高齊四層樓的屋簷，佛像下有平座，離地一點九米，結跏趺坐，手結禪定印，兩膝間相距十點六米，佛頭高四點八米，兩耳長二點八米。

這尊像由於年久失修，石像的身體有部分剝落，在一九九〇年發現石佛左側肩臂也有裂開現象，於是進行了歷年來最大規模修繕工程，用去金箔四十多萬張，因此我們現在看到的，好像是一尊新雕新塑的大佛像。

大佛寺的境內，有不少可以供人遊覽觀賞的景點，有米芾手書的「面壁」兩個大字石刻、顏眞卿寫的「逍遙樓」三個大字，還有「瞻佛隧道」、開山祖師「曇光紀念塔」、「智者大師紀念塔院」、一九八三年新刻的劉勰作〈梁建安王造剡山石城寺石像碑〉，寺前的放生池畔，有弘一大師所題的「放生池」及「南無阿彌陀佛」大字摩崖石刻。

如果要追溯大佛寺的歷史、文化，能做的懷古工作實在很多，因爲在梁慧皎作《高僧傳》中，有二百五十七人入傳，傍出附見的有二百多人，其中與大佛寺相關而入傳者有七人，附見的有四人，直到近代弘一、印光等法師的文獻中也有該寺之名。該寺應該可以爲這群高僧，建立一些紀念性的景點了。

現在的方丈悟道法師，十四歲出家，曾經在觀宗寺、國清寺研究天臺學，親近過印光、圓瑛、諦閑、興慈等大德法師，以及現在美國的顯明、敏智等長老法師。他先後任職於普陀山、高明寺、天童寺，現在是浙江省佛教協會的常務理事、紹興市政協常委，也是新昌縣政協副主席，所以非常的忙碌。

我帶著全團的僧俗四眾，參訪了寺內的各項建築物之後，特別在大佛像之前禮拜瞻仰良久。因爲智者大師就在這尊佛像的座下圓寂。

僧祐律師完成大佛的造像工程，他是一位重視戒律和佛教歷史的高僧，他的一生，收集、保存、考證、著作、實踐、弘法、護法。他留下的智慧遺產非常豐富，關於佛教史傳的，撰有《釋迦譜》五卷、《出三藏記集》十五卷；關於戒律的，撰有《菩薩戒經記》、《菩薩地持經記》、《十誦義記》十卷、《薩婆多部相承傳》五卷；關於護教的，輯有《弘明集》十四卷等，他眞是一位著作等身的高僧。其中，特別是《弘明集》對我個人的影響良深，以他那種護教的熱忱、愛教的悲心，把五十七篇辯論邪正、內外的文章，編集在一起，既保存了歷史的文獻，也爲我們提供了護國、護法、愛國、愛教的範例。

離開寺內，即到寺前的路側，拜了「曇光塔」，又在放生池前山坡上的「智者大師衣鉢紀念塔」塔院，致敬禮拜。隨即登車，經過三個小時車程，到了天臺山國清寺旁的天臺賓館，已是用晚餐的時分。

由於國清寺尚不是經常有大團體來訪的旅遊重點，旅社的容納量都不夠大，所以當晚我們全團，只好分投三家旅館住宿，那就是「隋梅」、「迎塔」、「天臺賓館」。這是在全部行程中，我們分得最散的一個晚上。

六一、天臺山的國清寺

五月二日，星期四，陰。

昨晚住宿的天臺賓館，和國清寺只有一溪之隔，也是屬於國清寺的範圍，是在山坡上，依山勢而建的平房，逐階毗鄰相接，不像都市形態的旅社，很有山村及山寺的格調。

國清寺大門的方向，和它殿宇建築的中軸線不一致，中軸線面溪，大門則是迎溪，這也是所有大陸各寺院的特色之一。中軸線之前有一道黃色牆垣的照壁，此壁外側，有趙樸初居士題寫的「隋代古刹」四個大字。寺前溪上的通道，是「豐干橋」，過橋右折左轉，便是山門，門額題著「國清講寺」四個字。

此寺四周，都是參天古木及成片的幽篁，寺宇隱在林蔭深處。他們的監院月眞、月泉兩位年輕法師，迎我們於山門口，六十九歲的方丈可明法師接我於大殿之前。參觀了念佛堂、講堂、日本佛教界所建的紀念堂、五百羅漢堂，還觀賞了許多的古碑。

國清寺的中軸線，共有四棟建築物：進入山門後，就是彌勒韋陀殿，次爲雨花殿、大雄寶殿、觀音殿。彌勒殿和雨花殿的兩側，是鐘樓與鼓樓。

中軸線的右側，第一排是梅亭、祖師碑，第二排是聚賢堂、方丈樓、迎塔樓，第三排是禪堂、修竹軒、吉祥樓。住眾的生活區就在禪堂右側的第四排。

中軸線的左側有兩排：第一排是放生池、安養堂、三聖殿、妙法堂、經幢；第二排是伽藍殿、羅漢堂、玉佛閣，韓國紀念堂就在經幢和玉佛閣之後的山坡上。

▲國清寺四周都是參天古木及成片的竹林。

國清寺現有建築物六百多間，總面積七點三萬平方米，寺前的山坡上，有三個景點：第一，是建於西元五九八年的隋塔。第二，是七座小塔稱爲七佛塔。第三，是寒山拾得亭。這三個景點，和寺本部之間就隔著一條溪流，豐干橋的功能，使得寺內寺外連成一氣。

從國清寺現有的建築群，可以看到它的歷史痕跡，沿著這些痕跡，接觸到它的歷史和傳奇。在梅亭之前，有一棵老梅，據說是隋代傳下來的，命名爲「隋梅」。

國清寺位於浙江省天臺山脈之南麓，海拔一百多米，從平地上去不會感覺是上了山。隋文帝開皇十八年（西元五九八年）晉王楊廣也就是後來的隋煬帝，遵奉其師智者大師的遺囑，派遣司馬王弘，來山依圖創建寺院，歷二年而成，就請智者大師的首席弟子灌頂章安爲第一代住持，嗣後此寺即成爲天臺宗的根本道場。灌頂大師將智者大師的天臺三大部及五小部，整理成書，傳世不朽。所謂三大部，是《法華玄義》、《法華文句》、《摩訶止觀》；所謂五小部，是《觀無量壽經疏》、《金光明經玄義》、《金光明經文句》、《觀音經玄義》、《觀音義疏》。

智者大師本人，並未住過國清寺，他是陳宣帝太建七年（西元五七五年）進入天臺山，住於佛隴之北的石橋，據說遇到了一位定光比丘要他上山居於此處，並預言將來有貴人來山造寺，寺成則國清，因此智者就有建寺的打算，後由晉王楊廣責人將寺建成，便名為「國清寺」。這是隋文帝仁壽二年（西元六〇二年）的事。

義寧元年（西元六一七年），隋恭帝下令在國清寺設千僧齋，並令秘書監柳顧言製「天臺國清寺智者禪師碑」。於是，智者大師的這一個學派，就以「天臺」為名。雖然智者大師於太建七年進入天臺山，太建九年就離開了，直到隋文帝開皇十五年才又回來，於開皇十七年下山，圓寂於石城山大佛寺，前後算起來他與天臺山的關係，僅有四年的時間。

此後天臺學派高僧，出於天臺山國清寺的非常之多，例如章安之後的慧威、左溪、一行、荊溪、道邃、行滿、豐干、寒山、拾得、溈山、延壽、慈雲、道濟，以及近代的諦閑、興慈、靜權等，所以將此學派名為天臺宗，也是有其道理的。

國清寺與日本的關係也很密切，日本天臺宗和禪宗的高僧，在唐德宗貞元（西元七八五—八〇四年）之後，以最澄及義眞為始，陸續來此的有圓載、圓珍、圓仁、成尋、俊芿、重源、榮西等。

到唐武宗會昌時代（西元八四一—八四六年）的滅佛運動之前為止，國清寺經常住有一百五十位僧人，結夏時有三百人以上，接著就被唐武宗夷爲廢墟。經過歷代盛衰，文革之前的殿宇規模，大致上和現在修復的相差無幾。

六二、禪與教的興替

從國清寺的沿革來看，原爲天臺宗的祖庭，到了唐末之後，漸漸成爲禪宗的重鎮；南宋時代，天臺宗的學者漸漸稀少而禪宗盛行。

南宋高宗建炎四年（西元一一三〇年），詔令「易教爲禪」，國清寺就成了禪宗的江南十刹之一，來寺參究學禪者四海雲集，以致於後來必須自耕自食過農禪的生活。到了南宋光宗紹熙元年（西元一一九〇年），邑令劉瀚在其所撰〈景德國清寺千門塗田記〉中，高度讚揚當時的住持治山志南和尚：「建壯屋三十餘間，規模雄偉，儲蓄贏餘。」寺僧實踐著禪農並舉、自力更生的修行生活。到了明末神宗萬曆年間（西元一五七三—一六一九年）國清寺又重振天臺宗的講寺門風，與其派下的無盡傳燈法師（西元一五五三—一六二七年）所重興的高明寺幽溪講堂相呼應。

民國二十年（西元一九三一年），靜權法師於國清寺設天臺宗佛學研究社，並且與諦閑法師及當時的住持可興法師，合力向政府爭取「易禪爲教」，而恢復了國清寺爲天臺宗祖庭的地位。

經過十年文革的動亂，國清寺佛像全毀，法物遺失殆盡，殿宇被佔用，僧侶被驅散。自一九七三年起，經國家批准恢復，以三年的時間整修完成，一九七五年，便開始接待日本佛教團體的訪問，一九七九年，正式對外開放。一九八三年國務院公布國清寺爲漢族地區一百四十二座佛教重點寺院之一，翌年恢復天臺宗佛學研究社，當時的住持是唯覺法師（西元一九一八—一九九〇年），現任方丈可明法師又建造了五百羅漢堂、玉佛閣、伽藍殿等。

目前天臺宗佛學社的主講是月眞法師，他告訴我說，讀過我的《戒律學綱要》及《印度佛教史》，同時也正爲寺內僧眾講天臺三大部，我說其中的《摩訶止觀》最難講了，他說：「現在打基礎是採用蕅益大師的《教觀綱宗》，以及智者大師的《小止觀》、《六妙門》。」

國清寺的天臺學派，和臺灣也有法系傳流的關係，那就是斌宗法師（西元一九一一—一九五八年），他二十三歲在天童寺受戒，遊方到奉化的雪竇寺後，轉往寧波的觀宗講寺，接著來到天臺山親近靜權法師，三年之後擔任佛學研究社副講，民國二十八年（西元一九三九年）回到臺灣，創建法源寺、法濟寺，設立南天臺佛學院，造就弘法人才；現在臺灣的天臺宗傳人慧嶽法師，即爲其高足。這次在該寺看到的幾位青年法師，都很優秀，相信他們除了維護寺院的經營，對於天臺學的研究宣揚也會做出貢獻。

六三、寒山子

我對國清寺所知不多，只是讀過章安大師的《國清百錄》，同時對於豐干、寒山、拾得等三位大士的傳說，從小就很嚮往，說什麼拾得在廚房執役，經常準備一些剩菜剩飯給寒山，用竹筒裝好，拿到寒崖去過生活；寒山在國清寺掃地時，又是如何被寺僧責罵，還拍手撫掌笑著走。那幅寒山與拾得的雙人畫像，非常天眞爛漫，又有一些瘋瘋癲癲。寒山留下了三百多首詩篇，後人爲他編成了《寒山子詩集》，直到現在，連日本及歐美，都還有人品味研究。有人說豐干是阿彌陀佛的化身，寒山是文殊菩薩的化身，拾得是普賢菩薩的化身；他們都是生活在大約西元七三四至八七一年之間。到了五代後梁太祖的開平元年（西元九〇七年），有人在寒山隱遁的寒巖，建了一寺一塔，稱爲寒巖寺。離國清寺有相當一段路程，我們爲了趕路，所以沒有去寒巖探訪。

凡是研究天臺學的人，都不會忘掉幾位天臺學派的大功臣：灌頂章安（西元五六一—六三二年）、荊溪湛然（西元七一一—七八二年）、慈雲遵式（西元九六四—一〇三二年），他們都爲天臺宗留下了傳世不朽的名著。

我個人在日本留學期間，所寫博士論文的主題，是蕅益智旭大師，他雖然沒有到過國清寺，但他對天臺學所下的工夫及所做的貢獻，是有目共睹的，特別是那部《教觀綱宗》，簡明扼要的介紹天臺教學，也是天臺學的名著。因此我對天臺學派的主要著述，幾乎沒有一本未曾閱讀；幫助我對於佛學思想的釐清，以及學術研究的訓練。不論從禪觀的立場或是教理的觀點來說，我對天臺宗的歷代學者都很感恩。其實我在日本讀書時，指導老師坂本幸男博士爲我講的就有智者大師的《摩訶止觀》。我來國清寺，也應該是爲了尋根探源了。

六四、智者塔院・高明寺

▲智者大師的肉身塔院——真覺講寺。

目前，天臺山的景點還有好多，以佛教的道場而言，除了國清寺，尚有金地嶺附近的高明寺、眞覺講寺、寒巖寺、華頂寺、萬年寺、拜經臺等。因爲沒有時間，在去了國清寺之後，僅上了智者大師的肉身塔院「眞覺講寺」。

智者大師在新昌大佛寺圓寂後，遺體回葬於天臺山的金地嶺，隋文帝開皇十七年（西元五九七年）塔院落成，經過幾次興廢，在清代文宗咸豐十一年（西元一八六一年）又毀於太平天國的兵火。清德宗光緒十五年（西元一八八九年）重建完成，該塔院有參禪、打坐、講經等的弘法活動。文化大革命後，塔院荒蕪，房舍破落，肉身寶塔被毀殆盡，智者的肉身也早已不見。一九八八年再度重修，其有碑文記載如下：

智者大師塔院重修記

智者大師，師事於南嶽，宗承於《中論》，妙悟於《法華》，說法四十餘年，稱為東土迦文。於隋開皇十七年十一月二十四日，寂滅於石城，龕於定慧真身塔院。宋祥符

▲作者率領全體團員，於智者塔院前行禮致敬。

元年，改名為真覺講寺。清光緒十五年，經釋敏曦法師重修。三中全會之後，全國致力建設，百業向榮，海內外檀越，美國洛杉磯國清寺護法會夏荊山、楊懋慈等，發心施捨淨財。並得到趙樸初會長及各級領導支持，重行修葺，以復宏觀，以供善信人等瞻禮，並勒石以誌紀念。

蛟川王素平謹撰天臺齊名治沐手書

立碑人是當時的國清寺住持唯覺法師。

在國清寺也看到類似的〈重修國清講寺碑記〉，是由丁天魁、林子青撰於一九八八年，也說到：「奈何十年動亂、四海揚波，寺門同遭不測，僧侶驅遣，法物盡失，千載古寺，幾毀於一旦。」此期間，智者大師的塔院，同樣也被毀壞和佔用。

塔院在距離國清寺車程約十多分鐘的金地嶺，位於群山環抱中的孤起一嶺之顛，嶺的四周都是梯狀農田，種植茶葉、油菜、大麥等，唯有塔院的四周是一片青翠的林木，都是百年以上的老柏樹。我們先從塔院的後方繞道上山，進入一條林蔭小徑，小徑右側有一排石塊堆砌的山壁，壁前依次樹立著四塊紀念碑：章安大師、湛然大師、行滿大師、傳燈大師。碑上的文字，已經斑剝難辨，細看尚能知道碑上的人名，其中除了湛然大師的是肉身碑，其他三座都是紀念碑。我逐一的在每一座碑前，就地頂禮致敬，感謝他們的智慧仍然光照人間。

當我們進入塔院時，六十九歲的監院聖法法師迎於山門，他告訴我，原來的智者大師肉身木塔早已損毀，現在的漢白玉石塔是十年浩劫之後重建的，十分莊嚴。這是一座四合院的建築，有天王殿和大殿，另外還有兩個廂房及迴廊，在正殿右側的一片牆上，嵌著很多塊石碑，文革期間被塗上了水泥，現在重新再現，有古碑新修的痕跡。目前的塔院內，只有四位老僧看守，我請監院向大眾開示，他推說不敢當，他僅是在此勞動的，不會開示。雖然智者大師的肉身已經不知去向，但他曾經埋骨於此，已經值得我們來憑弔致敬。我在塔前的地上深深的拜了三拜，又領著大眾再拜三拜，臨行之前，再拜了三拜。

該處十分偏僻，來此探幽訪古的遊客不多，平常要靠國清寺的經濟支援來維持。當我們大批的訪客到達，不僅無法供應茶點，就是開水也不容易張羅。

山上的老僧說，他們除了早晚課誦及念佛之外，白天就是打掃環境以及出坡耕作，吃的菜和茶葉等普通食物，都是自給自足。當天只看到兩位老僧，除了監院外，還有一位是在我們出門離開時，從華頂山挑了一擔東西回來，在山門前相遇，他已七十五歲，走了幾十里路毫無倦容。

從金地嶺下山的路上，看到一座新開的山洞，聽說是通往高明寺的汽車隧道，這也是天臺山上遊覽區中僅有的幾座寺院之一。據說是智者大師當時在當地的佛隴講《淨名經》，因爲是露天，經本被風吹散而落到山谷中的一塊盆地，爲了紀念這樣的傳說，所以在唐昭宣帝天佑年間（西元九〇四年—九〇六年），建造了此寺。後唐時代，改爲幽溪道場，宋眞宗時，改爲淨名寺，後又恢復稱爲高明寺。明朝世宗嘉靖年間（西元一五二二—一五六六年）此寺已廢，直到明神宗萬曆十四年（西元一五八六年）傳燈無盡大師在此重興殿宇僧房，與國清講寺並列爲天臺山弘揚天臺教觀的兩大重鎭。這次由於時間不夠，所以無暇前往。

如果翻開天臺山的歷史，山中的寺院不下百座，到了清末民初，剩下寥寥無幾，僅存國清寺、眞覺寺、高明寺、善興寺、上方廣寺、下方廣寺、萬年寺、寶相寺。這是指的天臺山脈的區域範圍，其中的「寶相寺」就是現在的新昌大佛寺。

六五、隋塔與隋梅

到目前爲止，國清寺保存得歷史最久的，就是國清寺大門外的隋塔及院中的隋梅。

據說，隋塔與國清寺同時建成，是一座九級六角的磚塔，塔中雕有佛菩薩像。根據傳說，這座塔是因爲觀世音菩薩和五百羅漢鬥法而建的，觀音菩薩在石梁飛瀑上造石橋，五百羅漢就在國清寺前祥雲峯南麓的山坡上起磚塔，要在一夜之間全部完工。但在雞鳴之前，觀音獨造的石橋已成，而羅漢們合造的塔頂尚未收工，於是直到現在，隋塔還是沒有頂的。其實以歷史的考證，六角九級的塔身是磚造而塔頂及塔簷原來是木結構的，年代久遠之後，木結構的塔頂、塔簷自然不見了。

此塔的磚材呈絳黃色，總高度五十九點四米，外壁塔磚刻有佛像，內壁嵌有《法華經》的石刻碑文等，根據近人丁天魁主編的《國清寺誌》所錄，關於隋塔的記載如下：「隋塔每層架角、樑木木方，斗拱挑檐，平座倚柱，椽檐瓦櫳。現仍可見一些空洞，這是隋塔原有的飛檐斗拱插入處。飛檐斗拱爲木製，後毀於火災。」

隋塔保持一千四百多年還能屹立不圮的原因有三：第一，塔基是嵌在堅硬的山體巖層之上。第二，塔磚的燒製技術高超，堅硬異常。第三，塔磚的黏合材料是用黏土和糯米搗拌而成。

國清寺的古梅原有兩株：一蒔於隋代，一植於唐世。「隋梅」在伽藍殿前的天井中，據稱是國清寺創建時所栽，樹高約三丈多，直徑三尺餘，中空而半枯，僅小半樹皮深入

▲隋塔是一座九級六角的磚塔，在歷史的長河中，屹立一千四百多年。

土內，色如銅綠，皮類魚鱗，枝桿無多，梅頂盤結有如虯松狀態。我們這次沒有看到唐梅。又據說，每當時局混亂，寺院遭到噩運劫難之時，這株古梅自然枯萎而不開花，一旦時代承平又會復甦。故於文革期間，這株梅樹，就像是死了的一樣，而目前又是生氣勃勃，花季時滿樹雪白如銀，香飄全寺。我們到時，花信已過，而滿樹的綠葉和青梅，扶疏有如雲蓋。可見草木皆有靈性，從佛教的觀點看，樹有樹神、塔有塔神，遇到重大的災變來臨時，那些護法神也走避開了。

六六、奉化雪竇寺

中午十二點三十分，在天臺賓館用完午餐，就登車向奉化方向出發。從天臺山到奉化，在地圖上看來不遠，但行車仍需三個小時。經過寧海、梅林、西店而到奉化。從奉化的溪口鎮再到雪竇山的資聖禪寺，通稱雪竇寺。

雪竇山是四明山脈的一支，入山之時已在暮色蒼茫中，加上雲層籠罩，感覺上已經很晚，實際上也已下午六點了。

下車時，看到雪竇寺已敞開了雄偉的山門，門外右側站著兩位穿著黃海青的年輕法師，恭敬的迎接我們；一位是二十七歲的首座隆悟法師，一位是二十六歲的知客寂成法師。他們說，現年二十八歲的方丈怡藏法師，因爲出席會議所以無法親自接待。目前全寺只有一棟木構建築是清朝的遺物，其餘的山門、天王殿、彌勒殿、大雄寶殿等，都是文革之後在最近幾年之間修復的。其中的彌勒殿是臺灣妙通寺的傳聞尼法師獨資建造的。

我們在客堂茶敍之後，就被帶到「雪竇迎賓館」晚餐，兩位年輕法師也同席作陪。他們說，現在寺內有四十多位年輕僧眾，都是現任的方丈從各佛學院請來的。我們見到的只有他們兩位。這座迎賓館也是由寺內經營管理。

不過該寺年輕輩的人事，好像不是那麼穩定，一年以前的方丈是二十八歲的月照法師，現在又換了一批，唯其看起來又是生氣蓬勃，頗有一番作爲的樣子。據這兩位法師說，該寺原來佔地不大，現在慢慢收購了附近的農地，陸續的擴建各項設施。

我問：「雪竇寺曾出過不少高僧，如五代的永明延壽、宋代的明覺重顯、明代的石奇通雲、民國年間的太虛唯心，現在可有什麼紀念的場所，給人瞻仰禮拜？」

這兩位年輕法師說：「因爲寺院在文革期間全部毀壞，所以也不知道那兒

▲雪竇寺的大雄寶殿。

是這些先賢古德住的地方。」

他們不只一次告訴我，雪竇寺內有一個景點，傳說是黃巢的墳墓，被稱爲「含珠林」，墓地形成一個圓形的小丘，上面長著八株老松。環繞雪竇寺的周圍，共有九峯，故被稱爲九龍含珠。

從歷史看黃巢，是在唐末僖宗時代乾符年間（西元八七四—八七九年），響應王仙芝作亂，逼得僖宗出奔四川，黃巢稱帝於長安，國號「大齊」，年號「金統」，前後十年終於失敗，而於虎狼谷自刎。但是根據《奉化縣誌》及《寧波府誌》，都說黃巢沒有死於虎狼谷，他是隱遁到雪竇寺出家了，死後即葬於含珠林。究竟是先有含珠林，還是先有黃巢墓？那是不是眞的黃巢墓？似乎也沒有人認眞的去考據過。因爲黃巢在中國晚唐時代，曾經是轟動全國的人物。相傳黃巢造反，殺人八百萬；也有人說他鬧革命失敗，終究出了家。一個血腥的歷史故事，而以放下屠刀立地成佛收場了，所以雪竇寺內有黃巢墓，足以證明佛門廣大，回頭是岸。不過，在《雪竇寺志》的「含珠林」條下，並未說那是黃巢墓。

六七、布袋和尚

這兩位年輕法師告訴我，雪竇寺是彌勒菩薩的道場，是中國佛教的五大名山之一。他們所講的彌勒，就是五代後梁時的布袋和尚契此。

根據傳記資料的記載，契此八歲到了奉化長汀，被農民張重天收養，後出家爲僧，居無定所，曾經住過奉化的岳林寺，並到福建募來木材重修岳林寺。後梁末帝貞明二年（西元九一六年）三月，就在岳林寺東廊的盤石上，無疾坐化。殮棺埋葬於奉化城北的封山。圓寂之後，曾經有二僧來到岳林寺，說不久前在天臺山見到布袋和尚；兩年後福建莆田縣令王仁煦，在江南天興寺及福州官舍，兩度遇到布袋和尚，並交給王氏一封信：「我七日不至則開。」到時拆開一看，是四句偈言：

「彌勒眞彌勒，化身千百億；
時時示世人，世人自不識。」

從此，布袋和尚便被信爲彌勒菩薩的化身了。

在他生前，尚有一首五言絕句，直到現在，依然膾炙人口：

「一鉢千家飯，孤身萬里遊；
覩人青眼在，問路白雲頭。」

此詩第三句有人改爲「覩人青目少」，也有人改爲「青目覩人少」。我是依據《卍續藏》所收《明州定應大師布袋和尚傳》的資料，寫爲「覩人青眼在」。若從《布袋和尚傳》、《佛祖綱目》卷三四的「布袋和尚示現明州」條、《雪竇寺志》祖系項下所見者，都未提到布袋和尚與雪竇寺的關係。

由於早年擔任岳林寺當家的光德法師，文革後請爲雪竇寺方丈，光德即從岳林寺來到了雪竇寺，加上一九八七年十月二十一日，中國佛教協會會長趙樸初到雪竇寺視察，提起由高觀廬主編，上海佛學書局於民國二十三年（西元一

▲雪竇寺的彌勒寶殿。

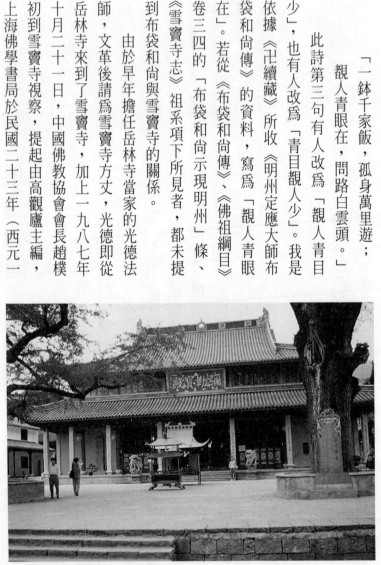

九三四年）出版的《佛學辭典》內，於「四大名山」條目下說到：「近有主張，於四大名山外，加奉化雪竇寺彌勒道場，為五大名山者。」

因此，便把雪竇寺正式確定為彌勒菩薩的道場。不過，現在該寺彌勒殿中供奉的彌勒像，不是布袋和尚，而是頭戴天冠的莊嚴趺坐像。

六八、雪竇寺的祖師們

晚餐後，我問起是否有雪竇寺的山志，這兩位年輕法師隨即拿出已經準備好的木刻本一套《雪竇寺志》兩種相贈。第一種是明末弘光乙酉年（西元一六四五年）編成的《雪竇寺志略》，只有三十九頁；第二套是順治及康熙兩朝之間編成的《雪竇寺志》，共十卷，訂爲四冊。康熙之後就沒有雪竇寺的資料了。但是從這兩本老志中，可以看到迄明末爲止，雪竇寺的興廢沿革。

明末時代所知雪竇寺規模相當大。那時有三殿、十二堂、三樓、四閣、二塔、八亭、十一庵、三個下院。

志中所錄自唐至北宋的高僧傳略，也有四十七人，眾所周知的則有：

（一）五代的智覺延壽禪師（西元九〇四—九七五年）：他於後周太祖廣順二年（西元九五二年）來到雪竇山，至北宋太祖建隆元年（西元九六〇年）遷到杭州靈隱寺爲止，在此住了八年。此於第五〇篇及第五五篇已經介紹了一些。

永明延壽對中國佛教最大的影響，是禪與淨土的合流。在禪的系統屬於法眼宗的傳人，由於他在智者禪院製了二鬮：一是一心禪定，二是萬善生淨土，連抽七次都抽到萬善生淨土，因此提倡禪淨同源。一直到現在的中國佛教，還是普遍受他的影響，除了少數人之外，多是禪淨雙修的。另在《宗鏡錄》的立場，他把性相二宗會合理解，融合介紹，因而使他成爲明末蕅益大師所「私淑永明」，「祖述永明」的人。晚近的太虛大師，主張八宗皆圓，也是受到《宗鏡錄》的影響。

（二）宋朝的明覺重顯禪師（西元九八〇—一〇五二年）：根據其傳記的記載，他生於北宋太宗太平興國五年（西元九八〇年），北宋眞宗咸平年間（西元九九八—一〇〇三年）出家，嗣後在智門光祚禪師門下參學時，問：「不起一念云何有過？」智門即以拂子打其口，師擬開口，再挨打，因此豁然開悟。北宋眞宗乾興元年（西元一〇二二年）擔任雪竇山資聖寺的住持，一住三十一個年頭。圓寂於北宋仁宗皇祐四年（西元一〇五二年）。他在主席雪竇山寺時代，龍蟠鳳逸之士，四海雲集，法道大振，因此而得皇帝賜紫袍，並加封「明覺禪師」號，他撰有《頌古百則》，明禪門玄旨，並且集有《明覺禪師語錄》六卷，他是屬於雲門宗系統。

（三）別峯寶印禪師：幼通儒家六經，出家聽《華嚴經》、《大乘起信論》，後參巖頭，以「起滅不定時如何」啟悟。後又參圜悟，以「從上諸聖以何接人」語相契，嗣謁大慧，受印可。此後在四川連主數刹，出三峽，便住保寧、金山、雪竇諸寺。曾蒙宋孝宗皇帝召於選德殿，稱旨入對。寂於南宋光宗紹熙元年（西元一一九〇年),諡號「辯辭禪師」。

(四)無準師範禪師:他在參破菴先禪師時,有人請益「猢猻子話」,即於侍傍大悟玄旨。他先後曾主席明州(杭州)的清涼寺、潤州(鎮江)的焦山、奉化的雪竇寺、寧波的阿育王寺。嘗蒙宋理宗召對於修政殿,賜金襴僧衣;又宣旨於慈明殿,陞座說法,皇帝垂簾而聽,賜號「佛鑑禪師」。圓寂於南宋理宗淳祐九年(西元一二四九年)。

(五)太虛唯心大師:生於清德宗光緒十五年(西元一八八九年),寂於民國三十六年(西元一九四七年),浙江崇德人。十六歲出家,十九歲於慈溪汶溪的西方寺閱藏經,即有悟境現前。在其《自敍傳》中,對此經驗,有如下的記述:「積月餘,《大般若經》垂盡,身心漸漸凝定。一日,閱經次,忽然失卻身心世界,泯然空寂中,靈光湛湛,無數塵剎煥然炳現,如凌空影像,明照無邊。座經數小時,如彈指頃;歷好多日,身心猶在輕清安悅中。」

從此以後,他所學的不論佛學與世學都能隨心活用,後來到了二十六歲掩關,又有一次開悟的經驗,開拓了他的宗教生命,奠定了他的菩薩心願。

四十四歲(西元一九三二年)來到雪竇寺,接受蔣中正先生的延請,出任雪竇寺住持。此後雖把寺務交給監院,自己經常到全國各地弘化,只有偶爾到奉化雪竇寺，但他在名分上始終都是雪竇寺的住持。他曾在該寺種樹，講《彌勒上生經》和《彌勒下生經》，同時也以「兜率淨土與十方淨土之比觀」爲題，發表演講。八年抗戰期間（西元一九三七——一九四五年）他都是住在大後方的四川，直到民國三十六年（西元一九四七年）也就是他圓寂的那年元月三日，再度回到闊別十年的雪竇寺，遂將住持職務移交大醒法師。

太虛大師圓寂於上海之後，他的舍利靈骨也歸葬於雪竇寺。由印順法師領導，續明法師及楊星森居士等參與，組成《太虛大師全書》的編輯小組，也就在當年五月開始，假雪竇寺的圓覺軒，著手工作，完成之時共七百萬言。也可以說，太虛大師的肉身舍利歸葬於雪竇寺，而他法身舍利的結集，也是在雪竇寺。而太虛大師生前對中國佛教貢獻及其身後對中國佛教的影響，永遠是光芒萬丈。最值得注意的是：太虛大師也在雪竇寺提倡彌勒淨土的信仰，今天的雪竇寺，算作彌勒菩薩化現的道場，而被列爲中國佛教五大名山的第五位，也有它的道理。

當我們離開雪竇寺，該寺這兩位年輕法師又把大門打開，非常恭敬的佇立在我們車隊之旁，也不討厭汽車引擎排出來的廢氣，我一再要他們回寺，他們還是一直等到我們的車隊開遠了才退還寺內，關上大山門。一小時的車程之後，到達了寧波市的金龍飯店，看錶面指針，已是晚上九點半了。

六九、天童寺

五月三日，星期五，陰後雨。

昨晚來到甬江及鄞江兩大源流會合處的寧波市；唐宋以來它都是對外通商的口岸。佛教古蹟，則有天童及育王兩寺。

早上七點，在寧波的金龍飯店用早餐。八點正登車前往天童寺，行車一小時抵達寺前的停車場。

天童寺的現任方丈也是上海龍華寺及圓明講堂的方丈，那就是高齡八十一歲的明暘長老，據說近來健康不太好，已難得來到寧波，經常是由現年六十六歲的監院修祥法師照顧寺務，而他也非常的忙，只是在客堂見我一面，茶敘、送禮品之後，就由知客師陪我們各處參觀。我參觀了他們的大殿禪堂、法堂、戒壇、上客堂、齋堂。這是一座非常古老的寺院，曾遭大破壞，文革之後漸漸修復。目前的規模還是很大，建築物有八百多間，坐落三面環山的山谷之中，隱密而又開敞。到現在爲止，還不能讓我們乘坐大巴士進入寺內，在第一道山門外，便下了車，步行約十分鐘，穿過三道山門，才是寺院的內部。

現住僧眾八十多人，他們的禪堂內，沿著四壁所設的禪凳位子，就有九十多個，感覺非常的寬闊高大，禪堂正中間供的是釋迦牟尼佛像，正後方的中央是方丈和尚坐的位置，稱爲「維摩龕」。平時只有坐朝香和晚香，一年也有幾次禪七，

▲天童寺禪堂裡的維摩龕——方丈禪座。

就由首座和尚來代理主持。那時我沒見到任何人在打坐，也沒有見到他們的首座和尚，看樣子還是有人在使用禪堂打坐是沒有錯的。現在寺內有許多的建築物雖然跟古代同樣的名稱，但已不做它特定的用途。例如「上客堂」，本來是

接受十方雲水僧掛單暫住的設施，現在則是空著，偶爾有外來的僧人掛單，也是安置在別的地方。不過全部殿宇寺舍，都整理得非常整潔，尚能讓人體驗到寧靜莊嚴與清淨的氣息。

天童寺位於浙江省的寧波市鄞縣之東南，坐落於太白山的一個小丘之麓。據說，在西晉惠帝永康元年（西元三〇〇年）有一位名叫義興的雲遊僧，到達此處，因愛其山水而在此結茅修行，當時此處沒有人煙，卻有一個童子每天都來給他送飯送水，不久，精舍建成之時，童子便對義興說：「我是太白金星，因感於師之道行，玉皇上帝命我化為童子前來護持；如今功成，特此告辭。」因此而將此山名為「太白」，所建寺院名為「天童」。

到了東晉孝武帝隆安三年（西元三九九年），寺宇全毀於火，唐玄宗開元二十年（西元七三二年）重建，有僧法璿，找到古天童的遺址，重建為太白精舍，每天都誦《法華經》，太白金星又化為童子，來晨夕供侍，

的重心。

因此法璿號爲太白禪師，精舍所在名爲天童山。

唐懿宗咸通十年（西元八六九年）改天童寺爲天壽寺。到了宋代，此寺的禪風特盛，成爲宇內叢林的重心。北宋眞宗景德四年（西元一〇〇七年），賜號爲天童景德禪寺。南宋高宗建炎三年（西元一一二九年），宏智正覺禪師（西元一〇九一—一一五七年），至普陀山禮觀音菩薩後，路過

▲天童寺的建築格局宏偉，是禪宗的五山之一，在宋代曾是宇內叢林

天童寺，即被郡中懇請留住。此其間，宏智正覺禪師於宋高宗紹興八年（西元一一三八年）去了杭州靈隱寺，不過不到八個月，又回到了天童山，前後住此三十餘年，十方僧眾來歸者逾千人，同時增建了三門、千佛閣、盧舍那佛閣、僧寮等寺舍千餘間；又設置寺產、整頓寺容，煥然一新而成爲禪宗的五山之一。宏智正覺即圓寂於此寺，金身亦葬於此寺之東方約二里處。這是大振曹洞宗風，中興天童禪寺的鼎盛時期。

南宋光宗紹熙四年（西元一一九三年），虛庵懷敞禪師擴建千佛閣，三易寒暑竣工，高三層十二丈，隱接雲霄，宏麗甲於東南諸省。

日本臨濟宗高僧明庵榮西禪師，也於南宋孝宗淳熙十六年（西元一一八九年）隨著虛庵來到了天童寺。南宋寧宗嘉定十六年（西元一二二三年）日本高僧希玄道元禪師，到了天童山，謁見了無際了派禪師；南宋理宗寶慶元年（西元一二二五年）曹洞宗第十三代祖師長翁如淨（西元一一六三—一二二八年）陞座，道元又來天童寺請益，如淨是曹洞宗的大宗匠，道元也就是得法於如淨的門下，回日本後開創曹洞宗脈，成爲如淨的嫡系。直到現在，日本曹洞宗派下的諸寺子孫，還是以天童寺爲他們的源頭祖庭。日本曹洞宗大本山——永平寺的建築規模，大致上也是模擬著天童寺的格局。

七〇、密雲圓悟禪師

南宋理宗寶祐元年（西元一二五三年）日本的寒巖義尹來華，也曾留住於天童寺。後歷元、明兩朝，經過九度興衰，屢遭火劫，明太祖洪武十五年（西元一三八二年）冊封天下名寺，而將天童寺列爲宇內禪宗五山之第二山。到明末神宗萬曆十五年（西元一五八七年）七月大水，連日風雨，山洪爆發，天童寺殿宇盡圮，礎礫無存；是年冬，因懷重建法堂；萬曆三十年傳信營造鐘樓。

明莊烈帝崇禎四年（西元一六三一年）臨濟宗第三十代祖師密雲圓悟禪師（西元一五六六—一六四二年）繼任住持，大振臨濟宗風，會下道俗，嘗逾三萬，王公名士問法者絡繹於途，悟道者也不少，道譽冠於一時。圓悟禪師因此也大興土木，增建殿宇，在十年之間，完成了佛殿、天王殿、法堂、先覺堂、藏經閣、大方丈殿、雲水堂、應供堂、延壽堂、禪堂、東西兩客殿、東禪堂、鐘樓、新新閣、迴光樓、返照樓、東西兩廊、香積廚房、浴室、庫司、西客、藥料、僧房等諸寮舍的建築。同時也疏濬了萬工池，修造了七寶塔，奠定了今日天童寺的建築規模與布局。

直到現在，寺內還展示著鑄於崇禎十四年的千僧銅鍋；它的直徑是二點三六米，深一點零七米，淨重二千公斤。

密雲圓悟禪師對於天童寺的重興，有極大的貢獻。因此，天童寺既傳曹洞宗的法系，又接臨濟宗的法脈。直到現在，天童寺的天王殿、禪堂、佛殿的大字橫額，還是用著圓悟禪師手書的墨寶。

至於圓悟禪師的生平，係出生於農家，沒有讀過多少書；十六歲時娶吳氏爲妻，二十六歲閱《六祖壇經》而慕禪門。三十歲從幻有正傳禪師落髮出家，萬曆三十一年三十八歲，過銅棺山而豁然大悟；崇禎三年主持福建黃檗山萬福寺，崇禎四年晉任天童山景德寺住持。他曾歷任六大禪剎的住持，寂年七十七歲，留下《密雲禪師語錄》十二卷，到清聖祖康熙四十四年（西元一七〇五年）追賜「慧定禪師」謚號。

七一、近世諸大師

清世祖順治三年（西元一六四六年）費隱通容禪師為方丈。

順治十六年改天童寺名為弘法寺，當時的住持是圓悟的弟子山翁道忞禪師（西元一五九六－一六七四年），受皇帝賜衣袍，翌年復賜赤金千兩，命修天童寺佛殿，並勅封「弘覺禪師」號，賜銀印一顆，重四十兩。

康熙皇帝也賜天童寺御書金字《心經》寶塔一幅；雍正皇帝則賜御書「慈雲密佈」匾額及柱聯等。

清德宗光緒二十八年（西元一九〇二年），八指頭陀寄禪敬安和尚（西元一八五一－一九一二年）住持該寺；光緒三十年，太虛大師到天童寺受戒，以寄禪和尚為得戒，同時也請道階法師到天童寺講《彌陀疏鈔》。

光緒三十二年，太虛大師又到天童寺聽道階法師講《法華經》，而且就在這年進天童寺禪堂參禪，受寄禪長老啟發而有省悟；在同一年太虛大師也跟後來主持天童寺的圓瑛法師（西元一八七八－一九五三年）訂盟為兄弟。民國十九年（西元一九三〇年）印順法師到天童寺受具足戒的得戒和尚，就是圓瑛長老。

▲天童寺的禪堂，近世太虛大師曾在此參禪。

可見天童寺與近代佛教的幾位大師也深有淵源，特別是現代化的僧教育以及中國佛教會的組織基礎，都跟寄禪長老有關。所以我們這次來到天童寺也是尋根探源之行。

今天國內外的禪宗諸系，已經很少有人傳授宏智正覺所倡默照禪的修行方法，多年來我在國內外卻把臨濟宗的話頭禪與曹洞宗的默照禪，對禪眾們做應機指導。所以覺得來到天童寺的意義特別深長。

在文革之後，天童寺的第一任方丈，是廣修法師。從一九八八年開始，就由現任的明暘法師接任方丈，他也是中國佛教協會副會長，他是圓瑛長老的剃度弟子、受戒弟子、傳法弟子。我們這次到達該寺，覺得環境清幽，殿宇宏偉，的確是一個極佳的參禪修道之處。

因爲天童寺也跟日本曹洞宗的關係密切，所以現在寺內有：1.「日本道元禪師得法靈蹟碑」，2.日文的「日本寶慶寺開山寂圓禪師參學碑碑銘」，3.日文的「如淨禪師奉覲碑」。天童寺不僅是國內的名山，也是國際的古刹。

七一、阿育王寺·瞻仰佛舍利

從天童寺出來行車約四十分鐘，抵達阿育王寺，住持是現年七十一歲的通一長老，聽說是出去開會了，所以沒有見到。由三十歲左右的監院證莊及勝雲兩位法師接待我們。從天王殿至大雄寶殿，分別禮佛之後，進入舍利殿；這座寺院與其他地方不相同的就是有座舍利殿。同時也有兩座寶塔：一座是八角木構樓閣型的七級寶塔，稱爲東塔；另一座是磚砌密簷的六角七級寶塔，稱爲西塔，又名爲上塔。兩位監院好像並不知道要我們參觀什麼，在大殿禮佛之後，就想把我們送去寺內的餐廳午餐。後來我表示有一份禮物贈送，他們便把我們帶到客堂。我向他們要求希望拜見該寺所藏，宇內聞名的佛陀舍利，他們僅同意出家眾隨我前往，最好用了午餐之後才去。

爲了趕時間去瞻仰舍利，很快的用完午齋，就帶著二十位出家眾，由二位監院引去法堂的二樓，也就是到藏經樓上瞻仰佛陀的舍利。起先我還以爲舍利殿內的舍利寶塔之中，就是供著佛的舍利，不僅我在裡面禮拜，我們全體大眾，也跟著禮拜，就是沒有見到佛舍利。而現在的舍利殿及舍利寶塔，都是文革後新建造的。

上了藏經樓，見到已有七位比丘穿黃海青披紅祖衣，排列在釋迦牟尼佛像前的兩側，點燃了檀香爐，他們也沒有招呼我做什麼，但是我已經知道是要舉行一場隆重的讚頌佛事。我也老實不客氣的站在主位，雖然因爲不准我們舉行任何宗教儀式，我既沒穿海青也未搭衣，我還是隨著他們唱香讚、拈香、禮拜、誦經、唱讚佛偈、念南無本師釋迦牟尼佛號、繞佛。然後讓我們站成一排，由一位老僧捧著一座小舍利塔，讓我們跪著逐一瞻仰。大眾還是繼續念本師釋迦牟尼的佛號。這顆舍利究竟有多大、是什麼顏色？會隨著各人的業力及善根而不同，我見到的是如黃豆大，淡灰色透明的；有人看到有小葡萄般大，是白色的；也有人看到如珍珠般大，是紅色的；也有人什麼也沒看到。但那位捧它的老僧，不斷的說：「看到嗎？懸在小鈴下，是黑色的哦！」

這場瞻仰佛陀舍利的佛事，使我們極其感動，他們那種愼重、恭敬、莊嚴的禮讚佛事，就能使人產生稀有難得的虔誠心和自感善根深厚的自信心。聽說，有人因爲什麼也沒看到，或是看到黑色的小點，因此對自己的業障深重而覺得失望！這些人，不想懺悔業障，反而失去自信，實在是十分可憐的事。

文革期間舍利塔被毀壞，這顆裝在小塔中的佛陀舍利，被棄置於倉庫的雜物堆中，當寺院的老僧又能回到阿育王寺之際，便發現這兩千五、六百年以上的珍寶，依舊存在，這眞是出於護法龍天的保佑，大家感到不可思議。

有關這顆舍利的由來，據說遠在中國周厲王時（西元前八七八—八二八年），中印度的阿育王統治全印度，爲了弘傳佛法，造了八萬四千座舍利寶塔，內藏釋迦牟尼佛的肉身舍利，分送到世界各地。有的是直接派人送達，有的遣請護法神護送。

在西晉武帝太康年間（西元二八〇—二八九年）有一位獵戶劉薩訶，後來出家，法名慧達，在病中夢見梵僧指引，要他去尋求舍利寶塔，行至浙江會稽的鄮山，忽聞地下有鐘磬之聲，他即誠心祈禱，越三日，果見舍利寶塔從地下湧出：「其塔色青，似金非金，似石非石，高一尺四寸，廣七寸，露盤五層，四角挺然，光明騰耀，眩人心目。」釋迦牟尼的「佛頂眞身舍利」，就懸在此小塔內的小金鐘裡面。此一舍利塔非以金與銅鐵之類鑄造，又非石雕、陶製。

這次我們見到的小型寶塔，也就是這個樣子，所以此一小塔，沒有供在樓下舍利殿的舍利塔中，也沒有放在藏經樓的佛像之前，而是從另外一間密室中請出來的。等我們瞻仰過後，又由四位僧人恭恭敬敬的把那座舍利小塔請回了密室。

七三、歷代高僧・寧波到普陀

阿育王寺的歷史，就是從這位慧達法師開始，初建於西晉武帝太康三年（西元二八二年），後來成爲中國禪宗的名山。阿育王寺的名稱，始於梁武帝的普通三年（西元五二二年），它的原名叫阿育王廣利禪寺。經過歷代的興廢，到南宋以後，該寺的住持有名者有：大慧宗杲、介諶、德光、師範等臨濟宗名匠。到了明太祖洪武十五年（西元一三八二年），重修之後改名爲育王禪寺，被稱爲天下禪宗五山的第五座名剎。明末清初，經過歷次重修，現在的規模就是明末清初所遺格局。因爲大慧宗杲，曾經住過妙喜庵，故號妙喜老人，所以在阿育王寺的山門內，至今還有一口古井叫作「妙喜泉」，並留有「妙喜泉銘」，被鑲嵌在舍利殿前的屏壁之中。

根據《唐大和上東征傳》的記載，在唐玄宗天寶年間（西元七四二―七五五年），鑑眞和尚第三次東渡日本弘揚戒律途中，海上遇險被明州府也就是現在寧波的官船接回至阿育王寺休養，至第四次東渡時他才離開阿育王寺。因此現在的阿育王寺內，也有鑑眞和尚的紀念亭。以此證明，阿育王寺不僅跟近代中國的臨濟宗有相當密切的關係，也跟唐朝的鑑眞律師有些淵源。而大慧宗杲的話頭公案禪和鑑眞律師的菩薩戒，直到如今，還是在日本有著深遠廣泛的影響，所以阿育王寺在中國的禪宗史上及中日戒律史上有其重要性，在佛教的國際交流史上，也都佔有相當重要的地位。就是我今天提倡的話頭禪也是淵源於大慧宗杲，所以到達阿育王寺，不僅是爲了瞻仰佛的舍利，更是爲了尋訪法的源流。

離開阿育王寺，我們登車赴寧波市的小港碼頭，於小港戚家山飯店餐廳用了午齋，便搭動力渡船，前往舟山群島的普陀山。

經過兩個多小時的水路航行，船

▲作者聖嚴法師離開阿育王寺，前往普陀山。

身經常在許多大小島嶼之間穿行，全團的大眾，多半是在昏昏欲睡的情況下休息，不過大家還是在船上做了晚課。

下船時，普陀山的港口碼頭，下著毛毛細雨，颳著寒冷的勁風，少穿了衣服的人，頓時間好像被扔進了冰窟一樣，大家紛紛加穿寒衣。有人帶的衣服不夠，還需同團的菩薩借給他們，表現了同舟共濟的精神。

下了碼頭的長橋，即有一老一少的兩位女菩薩，趕前來在雨淋濕透的水泥地上向我五體投地，拜了三拜，來不及問她們姓名，她們便又退回辦公室的廊下躲雨。普陀山眞是觀世音菩薩的應現地，這兩位也是菩薩，是以行動來點化我們大眾，應對出家的僧眾禮敬。第三天（五月五日）上午，我們到佛頂山時，再度遇到那位年輕的女菩薩，我就收了她做弟子。

七四、普陀山的出典

五月四日，星期六，陰。

普陀山位於浙江省東北部的海域中，它與山西的五臺、安徽的九華、四川的峨嵋，並列爲中國佛教的四大名山之一。普陀山的得名，是因爲晉譯《華嚴經》卷五一及唐譯《華嚴經》卷六八，介紹觀自在菩薩住於南海補怛洛迦，爲無量菩薩恭敬圍繞，即是善財童子五十三參中的第二十七位菩薩住處。

《華嚴經》、《般若經》、《心經》中都稱觀自在菩薩，《法華經》、《無量壽經》、《觀無量壽經》、《楞嚴經》、《觀世音受記經》等，都譯爲觀世音菩薩。梵文則相同，名爲「阿縛盧枳低濕伐羅」（Avalokiteśvara）。《無量壽經》等，說此菩薩是阿彌陀佛的脇侍，常住西方極樂世界；《華嚴經》說此菩薩住於娑婆世界的南海補陀落山（Potalaka），或譯爲「補怛洛迦」，原先是位於印度南海岸的一個地名，意爲光明、海島、白華、小花樹；後世中國的浙江舟山、西藏的拉薩、日本的那智山，都被擬爲觀世音菩薩的應現地，命名爲普陀洛迦山、補陀落山、布達拉、補陀洛山。

現在我們所看到的普陀山與洛迦山，是兩個一大一小的島嶼，屬於浙東地區舟山群島中的兩個小島。它的本島是舟山島，是一個很大的縣，名爲定海。鄰近普陀山的朱家尖島，也比普陀山大上六倍。普陀山的面積，僅十一點八二平方公里，呈南北走向的狹長形離島，長六點七公里，寬四點三公里，海岸線長三十公里。其地勢中間高而四周低，最高點爲佛頂山白華頂，海拔二百八十八點二米。現存的三十多座寺院，散布於全島各處，其中以普濟、法雨、慧濟，並稱爲三大寺，其餘尚有梵音洞、紫竹林、福泉庵、梅福庵、楊枝庵、大乘庵、廣福庵、圓通庵、海澄庵、祥慧庵等較爲知名。我們這回所到之處，僅有其中的六個道場。

七五、梵音洞

早餐之後，乘坐小型巴士，出發前往位於島東的青鼓山盡頭處的梵音洞。在此寺的門前，首先看到一塊清代留下的禁令碑，刻著「禁止捨身燃指」六個大字，兩旁尚有小字：「觀音慈悲現身說法，是爲救苦救難，豈肯要人捨身燃指。今皈依佛教者，信心修眾善行，自然圓滿，若捨身燃指，有污禪林，反有罪過。爲此立碑示諭，倘有愚媼村氓，敢於潮音洞捨身燃指者，住持僧即禁阻，如有故犯，定行緝究。」此爲明朝地方官總鎮都督李分、寧紹參將陳九思所立的禁令碑。本在潮音洞前，不肯去觀音院的照壁處。

據說過去有不少鄉愚在此跳下懸崖自殺，或燃指供佛，而稱爲捨身的大修行，結果政府的官吏明令禁止。

捨身燃指的依據是出於《法華經．藥王菩薩品》、《梵網經》輕戒第十六條、《高僧傳．遺身篇》。不過這都不是初發心的凡夫所當爲。

我問接待我的梵音洞當家門祥法師：「現在還有人在此自殺嗎？」他說他才來此兩年多，沒有見到過。

▲《法華經・普門品》中說「梵音海潮音，勝彼世間音」，梵音洞即因以為名。

現在梵音洞上，飛跨有一座天然石橋，上有小佛閣，原來是退居和尚靜修處，現在供的是觀世音菩薩。站在閣中，前可望海，後可觀洞；洞內岩石，在陽光及海潮的影響下，常常反映出許多幻象，有許多信眾，在此見到觀音聖像的顯現。這次在我們的團員中，也有人從照相中顯出觀音菩薩的光影形像。不過，有心想看的人往往又看不到了，香港大嶼山的某法師來了五次，均未見到。

梵音洞面臨海潮，深入峭壁約五十餘米，洞高六十餘米。危峻的峭壁相對，有如一道門戶，站在石橋的佛閣內，傾聽腳下波動的海潮聲，有警世脫俗的效果；所以取《法華經．普門品》中所說「梵音海潮音，勝彼世間音」的經句，而命名爲「梵音洞」。

現在的建築是一九八五年的新構。參觀之後，由當家師引至洞頂後上方的本院客堂用茶；這是一個四合院的精舍，現住僧人六位，環境相當清靜，不過當我們一時之間擁進了三百多人的團體，以及當地的香客和遊客，就顯得十分擁擠，而轉不過身來了。

門祥監院告訴我說，在梵音洞見得到觀世音菩薩顯聖，不在於信心的有無，但在於善根是否發起了。許多人虔誠禮拜，渴求一見，就是什麼也見不到。有的人並不信佛，卻又見到了。例如數年前有一位跟著朋友來山遊玩的基督徒，在梵音洞看到了觀音菩薩顯現，用照相機拍攝下來，沖洗之後，仔細的端詳，也能明晰的看到一尊栩栩如生的觀世音菩薩聖像，因此那位基督徒，變成了佛教徒。

根據煮雲法師的《南海普陀山傳奇異聞錄》第二節所說，好多人到梵音洞看過去生及未來生，又說：「梵音洞中，化現聖像，隨人所見不同。」另說：「過去山誌記載，菩薩是在潮音洞現身的，不知在什麼時候改爲梵音洞了。」其實在其《普陀山異聞錄》中介紹，普陀山的任何一處幾乎都可能有菩薩的靈異顯現。

普陀山之所以成爲東南佛教信仰的重鎮，跟靈異的發生和傳說，有極大的關係。雖然佛法的根本精神是如《金剛經》所說的「凡所有相，皆是虛妄」、「是實相者，即是非相」，但在與民間需要的信仰層面相接合時，類似的靈異感覺，也是有其必要的。

七六、普濟寺

這是全山的首刹，也是普陀山佛教協會的所在，又名爲前寺，它坐落在白華頂之南，靈鷲峯之下，佔地面積三萬七千零一十九平方米，建築物的總面積也有八千九百三十二平方米，它的前身就是原來的不肯去觀音院，也是全山最早的一座寺院；創建於唐懿宗咸通年間（西元八六〇—八七三年），現在的建築物是清朝康熙及雍正年間所建的，主要者有天王殿、藏經樓等殿、堂、樓、軒，計三百一十二間。

寺內的主殿就是供奉觀音聖像的「大圓通殿」，高二十多米，宏大巍峨，據說百人共入不覺其寬，千人同進不覺其窄，故被稱爲大圓通殿；也就是說有多少人進去都可以容納。他們的監院告訴我，數年前辦千僧齋時，眞有一千多僧眾在此殿內受供用餐，一點也不覺得擠。山上傳說，此殿曾經同時間容納過數萬人，究竟如何，不得而知。

大圓通殿所供觀音聖像，頭帶盧天冠，身高六點五米，西側供奉三十二尊觀音的化身像。這都是依據《楞嚴經》的說法，於〈觀世音菩薩圓通章〉中，觀音菩薩是修耳根圓通法門而得大自在，故名其殿爲「圓通」，菩薩化身爲三十二身。如果依據《法華經》的〈普門品〉，應該稱爲「普門示現」，列舉有三十三種應化身；其殿應當稱爲「普門殿」了。

普陀山之所以成爲觀音菩薩的道場，是起源於唐懿宗咸通年間，有一位名叫慧鍔的日本僧人，來到中國遊學，在山西的五臺山，見到一尊檀香木雕成的觀音聖像，神態安詳慈悲，看了又看，認爲這是他有生以來第一次見到這麼好的觀音菩薩像，他就偷取了準備帶回日本；另一說是五臺山的寺主把這尊觀音像當作禮物送給了他。

在他離開中國大陸乘船從浙江的靈江口起錨揚帆回日本時，經過舟山群島附近的海面，突然遇到了大風，只好把船駛進普陀山的山坳內避風。第二天風平浪靜，慧鍔再度揚風起航，才出山坳，海面突然起了一團白霧，如同一個大蚊帳似的罩住了他的船隻，只好再度回航靠岸。第三天出發時，海面又起了巨浪，轉眼之間整個海面只見一片鐵蓮花擋住去路，這便是傳說中的「蓮花洋」。慧鍔見了便在船裡向觀世音菩薩聖像跪禱：「如果日本眾生無緣見大士，我一定遵照所示的方向，另建寺院供養。」祈禱完後，海底湧出一頭鐵牛，吞嚼海面的鐵蓮花，爲他開通了一條航道，使他這艘船又回到了普陀山的山坳裡，這就是現在被稱爲百步沙的地方。慧鍔上岸造寺供養聖像，這就是現在普濟寺的前身「不肯去觀音院」。我們朝聖團所住的旅館就在這座寺院的左側，叫作「息耒小莊」，原來那也是一個寺院的舊址。

七七、日僧慧鍔

普陀山的命名，除於七四篇已有介紹之外，根據印順長老的〈觀世音菩薩的讚仰〉所說，是這樣的：「在這娑婆世界，南印度海邊的普陀落伽山，是觀世音菩薩的古道場，這如《華嚴經》等都如此說。梁貞元年，日僧慧鍔，在中國請了一尊觀音像，想帶回日本供養。誰知路經舟山群島（在浙江定海縣），卻被狂風惡浪阻止了歸程。被迫將聖像請上了海中的一個小島──梅岑，築一所茅蓬來供養。觀世音菩薩與此島有緣。日子久了，朝拜敬仰觀音聖像的人多起來，此島就成為觀音菩薩的道場，也就改名為『普陀山』。」

有關普陀山的名稱及其起源，大概就是如此。不過日僧慧鍔來華的年代，略有出入，印順長老所說的「梁貞元年」，可能是唐德宗貞元年間（西元七八五──八〇四年）之誤。

根據近人左亞琳所編小冊《普陀山觀音傳說》（一九九三年三月初版），謂慧鍔是在唐懿宗咸通年間（西元八六〇──八七三年）來華。

根據日本學者望月信亨所編《佛教大辭典》「慧萼」條所載，是於唐宣宗大中十二年（西元八五八年）奉觀音像從四明（浙江的寧波境內）出海回日本，經過海路補陀山邊不能行，便留觀音像於此處。

又根據望月氏《佛教大辭典》的「普陀山」條，依《佛祖統紀》卷四二的記載，說慧萼於五臺山得觀音像，帶回日本經普陀山留住的年代，也是唐宣宗大中十二年。茲錄《佛祖統紀》的原文如下：「大中十二年，日本國沙門慧鍔，禮五臺山得觀音像，取道四明將歸國，舟過補陀山，附著石上不得進。眾疑懼禱之曰：若尊像於海東機緣未熟，請留此山，舟即浮動。鍔哀慕不能去，乃結廬海上以奉之。」

▲普陀山被擬為觀世音菩薩的應現地。

根據日本的《本朝高僧傳》卷二三的記載，也說日僧慧蕚於日本仁明天皇承和之初（西元八三四年），入唐求法，承和十四年東歸日本；文德天皇的齊衡之初（西元八五四年），那也是唐宣宗大中八年，慧蕚第二度來華，四年之後，第二度東返日本時，便發生了觀音聖像不肯去的傳奇事蹟。

如果依照印順長老所說「梁貞元」是指後梁末帝貞明元年（西元九一五年），相差又有半個多世紀，且與日本的資料也不相應了。所以我是贊成慧鍔留住普陀山的年代是唐宣宗大中十二年的說法的。

七八、普陀山的今與昔

普濟寺的大門平常不開，出入寺院都由側門。只有每年二月十九日、六月十九日、九月十九日的三個觀世音菩薩紀念日，以及國家元首蒞臨之時才開大門。所以我們是從右側的邊門進入。香客非常之多，見到出家人視若無睹，因爲他們是來朝山進香拜觀音菩薩的，既不求法也用不著禮僧。所以當我在佛殿上禮佛之時，還有一位中年婦女特地把我拉開，以便她自己可以禮佛；因爲我的位子是香燈師受當家師之命特別搬給我的，否則我得在地上做五體投地的大禮拜，而這些信眾認爲我有拜墊，他們也要爭取拜墊。

當我進入山門之時，已有首座道生長老以及當家智禪法師等佇候迎接。在圓通寶殿禮拜之後，參觀法堂，那兒正在舉行梁皇寶懺的佛事，我不便進去打擾。目前全山的出家男女二眾，約八百人，除了佛學院的學生之外，大多數從事於香客遊客的服務，以及梁皇懺、水陸、焰口等大小佛事的運作，道場的建築維修和僧眾生活的來源，就是靠著這兩大宗。

隨即被引入客堂拜見現年八十八歲的方丈妙善長老，他在去（一九九五）年春天，應臺灣下院普濟寺的邀請，組了一個小型訪問團到臺灣訪問了兩週，也去了北投農禪寺，並送了我們一尊小型的木雕觀音像。那天由於來去匆匆，除了短暫交談，互贈禮物，並沒設宴款待。但是由於這段善緣，這次我來普陀山，他雖正在重感冒中，而且發著高燒，還是抱病見我。他是一面談話、一面咳嗽、一面流著鼻水；我給他遞上面紙，他還說：「不要緊，我很歡喜。」

小坐之後，我想起身告退，他卻非常熱誠的還要向我介紹普陀山的現況。他感到特別重要的是正在進行中的兩大計畫：1.建造一座二十八米高的觀音菩薩銅像，2.要在普陀山建一座醫院。同時他告訴我說：「全山已有三十多座寺院，由政府交還了佛教協會，尚有若干寺院，即將陸續發還。對於目前的普陀山佛教協會來說，人力、物力已都有應接不暇之感。」每座寺院交還佛協之後，必須要有錢去整修增建，還必須要有人去照顧維持。

當時陪同方丈接待我們的人，尚有普濟寺的副當家道權及靜旻兩位法師，佛教協會秘書長普淨法師，首座道生、監院智禪等法師。其中有三位也曾陪同妙老訪問過臺灣。

普陀山自從民國二十八年（西元一九三九年）開始，就被日軍佔領；民國三十七年（西元一九四八年）國民黨軍隊駐守普陀山。山上雖然尚有香客遊客，也

▲普陀山歷經時代的戰火、歷史的滄桑、教風的興頹，目前佛教的契機又逐漸在復甦當中。

有僧人駐錫掛單，但已相當沒落衰敗。根據眞華法師《參學瑣談》的〈上海到臺灣〉第十節說：「普陀山前前後後、大大小小的廟宇，大概不下八、九十座，但眞正有資格稱爲寺的，卻僅有三處，那就是普濟寺、法雨寺、慧濟寺。」以普濟寺爲「全山祖庭」。

眞華法師是民國三十八年（西元一九四九年）春天到普陀山的，當時山上僧人的風紀已很糟，他見到兩項歪風：1. 稱爲

「海外家風」，就是出家人可以在那兒抽香菸、喝酒、化小緣、燒小鍋、打麻將、睡懶覺；2.名爲「羅漢境界」，就是有些僧人可以喝醉了酒到處罵人、動粗，甚至在一間茅草棚子裡燉一鍋肥肉，大吃特吃，還說是「燒老豆腐吃」的羅漢。類似的情形，經過大陸政府的整治，特別是在文革期間，徹底清理之後，今天已不復再見了。可知經過十年文革的摧枯拉朽之後，便是面目一新，也不全是負面的啦！

目前普陀山的局面，是從一九九七年四月開始，成立了普陀山管理局，首先由政府撥出四十萬元人民幣，修復了普濟寺、梅福庵、觀音洞等，易裝在俗的原有僧尼也陸續的請回山來。到一九八〇年，重新成立了普陀山佛教協會，由妙善長老擔任會長兼全山的方丈。此後的十年之間，中央和地方等各界，共同投入了三千九百餘萬元人民幣，修復了全山主要寺院，興建了道路碼頭，以及水電、文化、康樂等的設施。目前全山寺院的行政是統一的，僧尼來自十方，只有一位方丈，其他各寺院的負責人，都是當家的監院。所以人事和諧，制度劃一，可以說是欣欣向榮。

七九、印順長老出家處・佛學院

在原來的行程中，沒有安排去福泉庵訪問，雖然在多年前我就知道普陀山有一座佛學院，後來又聽說已停辦了。可是我們從梵音洞訪問出來的路上，遇到了兩位年輕的比丘和我們穿肩而過，其中一位對我微笑合掌。

我問他：「從那兒來？」

他回說：「是本山佛學院的學僧，由福泉庵來。」

因此要求旅行社給我們臨時安排下午去訪問佛學院，幸好沒有被拒絕。

福泉庵位於該山的司基畈之東，舊稱天妃宮或天后宮，相傳是大慧法師創建，清德宗光緒年間（西元一八七五－一九〇八年）經過幾次的重修。此庵對我們而言，可說相當重要，現在臺灣已經是九十一歲高齡的印順長老，是在此寺出家的，印老時年二十五歲，那是民國十九年（西元一九三〇年）的事，他到普陀山禮拜觀世音，經由昱立老法師的介紹，住福泉庵，同年十月十一日，在福建泉州籍的清念老和尚座下落髮出家。

在印老的自傳《平凡的一生》中，有如下的記述：「普陀山的般若精舍是屬於普慧庵的一個茅蓬。我們到了目的地，見房屋不大，雙門緊閉。好久，才有一位（只有這一位）嚴肅而安詳的老和尚出來開門。聽說我們想研究佛法，就爲我們略說佛法大意。我們說：『錫麟堂香客往來太多，我們想找一處僻靜的所在，安住幾個月，對佛法作初步的參研。』他向西南角一指說：『有，離這裡不過一里路，有個俗名天后宮的福泉庵。當家是福建人，香客也都是福建人，一年不過三、四次，平時非常的安靜。我也不用介紹，你們說般若精舍老法師指導來的就得了。』我們向他謝別，就向福泉庵來。出來招呼我們的，是一位名叫宗湛的客師。我們說明來意，他就去徵求當家的意思。當家的來了，是一位白髮白鬚的老和尚。當家的只是點點頭，說了兩、三句我不能完全明白的話（原來是帶有閩南語韻味的寧波話），大意是好的，好的。這樣，我們下午就移到福泉庵來。……十月十一日，我就在福泉庵剃落出家，法名印順，號盛正。那位白髮白鬚的當家，就是我的恩師上清下念老和尚。」

印順長老在福泉庵待了不到二十天，同年的十一月杪，就和他的師兄一起到天童寺受具足戒去了。戒期圓滿，回福泉庵過舊年。二月得到清念長老的同意與資助，到福建廈門南普陀寺閩南佛學院求法。

可見印老在普陀山福泉庵的因緣雖不是很久，畢竟此處是印老走上奉獻其一生給佛法的起跑點，值得我們去訪問。

聽說現在的普陀山佛學院，就是接受印順長老及其僑居新加坡的師兄印實長老，共同支持而開辦的。

目前的佛學院院長，是由妙善長老兼任，教務長唯航法師，副教務長海天法師，都是三十多歲的僧青年，誠懇的接待我們。據說該學院的學僧，分為男眾和女眾兩部，女眾部設於梅福庵及觀音洞，有三十來人；福泉庵是男眾部，有五十多人。教師共有二十多位。該院重視天臺三大部的教學研究，我的《印度佛教史》

▲印順長老剃落出家的地方，就是普陀山的福泉庵。

及《戒律學綱要》，也是他們的教科書。在修持方面，重視彌陀淨土的念佛法門。

因爲當天是週六，學僧不上課，在院中只看到少數幾位年輕比丘。由於時間不多，沒有參觀他們的教學設施及學僧的生活環境，也沒有機會和學僧面對面談話，只聽到他們的教務長說，福泉庵的空間面積已不夠使用，他們正在計畫建造一座專供佛學院教學設施的大樓。

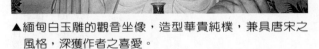

八〇、紫竹林

▲緬甸白玉雕的觀音坐像，造型華貴純樸，兼具唐宋之風格，深獲作者之喜愛。

在息耒小莊用過午餐，登車訪問不肯去觀音院，又名紫竹林，它位於雙峯山下的潮音洞上。過去曾經是紫竹成林，而且有過許多感應故事。

相傳觀音菩薩就是住在紫竹林中，因此吳承恩所寫的《西遊記》中，就有好幾處寫到孫悟空到南海的紫竹林中，向觀音菩薩求救，因此民間有「紫竹觀音」的畫像，流傳非常普遍。也許紫竹觀音的形相和信仰就是從《西遊記》的描述和傳播而深入民間。這次我們所見到的一片紫竹園，是剛剛培植不久的幼竹，相信十年之後，又可見到紫竹成林了。

前面已經說過，原來的不肯去觀音院，就是現在的普濟寺。現在將紫竹林名爲不肯去觀音院，目前的建築物也是一九八〇年重建的，爲三幢古雅的平房。我們訪問之時，由現年三十五歲的知客界福法師接待，大殿供的是緬甸白玉雕塑的觀音坐像，造型華貴而又純樸，兼具唐宋之風格，我很喜歡，特別交待顧問陳清香教授加以研究，是否可用作法鼓山觀音菩薩聖像造型的參考。

該寺的監院淨慧法師，正在忙進忙出，院前的漢白玉石照壁，正在施工，僅在客堂小坐一下，就去了辦公室庫房。

八一、佛頂山的慧濟寺

在佛頂山的範圍內，以慧濟寺爲中心，尙包括香雲路、海天佛國崖、刀劈石、天燈臺等各景點。通常到普陀山一步一拜的朝山客，主要就是從法雨寺後側通向慧濟寺的前門，沿山谷而上，直通山巓。其間有一條石板路，共一千零八十七個石級，這全長一公里的香雲路，完成於清德宗光緒三十年（西元一九〇四年），路旁有鐵欄杆。

從慧濟寺前，進入寺內的石板道兩側，都是垣牆，像是走在巷子裡，石板刻有蓮花圖案，三步一拜一蓮花。聽說每逢觀音菩薩紀念日，全山的僧俗四眾，都會從這條路拜上山頂；平常也會有進香客沿路朝拜。

站在慧濟寺後門向西看，對面山坡上兀立一石，正中一縫，有如刀切的豆腐，一分爲二，在《西遊記》的傳說中，孫悟空與二郎神鬥法，來到普陀山向觀音菩薩求救，到了佛頂山上就化身躲進了這塊大石頭，二郎神舉刀猛劈之時，石分兩半，卻不見孫悟空的影子，原來他早已遁形而去了觀世音菩薩的面前，這就是有名的刀劈石。可見當年吳承恩寫《西遊記》時，大概曾經親自來到普陀山，見過這塊石頭。

慧濟寺位於海拔二百九十一米高的佛頂山上，故又被稱爲佛頂山寺，早先只是一座石亭，明初建慧濟庵，清高宗乾隆五十八年（西元一七九三年）擴庵爲寺。清德宗光緒三十三年，又經擴建便成爲普陀山的第三大寺，與前後二寺齊名。現在的慧濟寺，佔地一萬三千平方米，四面環山，殿宇建築於綠樹叢中，建築面積五千五百平方米；有四殿、七堂、七樓閣，以及方丈室、庫房等，共一百多間。此寺與一般寺院的布局不大相同，乃是依山勢而制宜，有天王殿、大雄寶殿、大悲殿、藏經樓等。它與前後二寺所不同的是大雄寶殿供的是釋迦牟尼佛，大悲殿才供觀世音菩薩。

據傳說，慧濟寺初由一位十多歲的沙彌所建，他發願要在山頂建寺，就下山四處托鉢化緣，經過三年，感動了一位很有錢的婦人，獨力捐資，完成了這所寺院。直到現在，山上還有這位沙彌的塑像。關於這個傳說，在煮雲法師所寫《南海普陀山傳奇異聞錄》中有故事性的介紹。由於此寺是沙彌所建，直到現在，全山諸寺院，也唯有慧濟寺允許沙彌掛單，我們也見到了好幾位掛單的沙彌，當天爲我倒茶的，就是一位從寧波天童寺來的沙彌，特別向我頂禮。

八二、太虛及印順二師閱藏處

我們要到佛頂山寺的目的，不僅是為了朝拜觀音菩薩，更是因為太虛大師曾經幾度來到普陀山，先到般若精舍，後至錫麟禪院。般若精舍是他的好友昱山法師的道場，錫麟禪院的了餘老和尚，是他受戒時的教授阿闍梨。因此民國三年（西元一九一四年）八月，大師二十六歲，就到普陀山的錫麟禪院禁足；十月掩關於錫麟禪院，印光大師為其封關，顏其關房為「遯無悶廬」。大師在關中坐禪、禮佛、閱讀、寫作，日有恆課，凡有關於天臺、華嚴、禪宗、淨土的著述，無不溫習；尤其留意《楞嚴經》、《大乘起信論》等經論。一直到民國六年（西元一九一七年）二月初四出關時，大師已二十九歲。不但太虛大師早期的重要著作，都在此關中完成，他融貫世出世間的學問，也成熟於這段閉關期間。世學、佛學，乃至於西洋哲學的翻譯著作，凡是能夠求得的，無不涉獵。於是當其出關之時，不僅已是一位大宗教家，也是一位有大學問的佛學大師了。他對於佛教的振興、僧制的改革，均於此一時期提出了具體的主張。人間佛學的思想也完成在這個階段，故在關中有《人乘正法論》，同時也在關中重現他於十九歲時在西方寺閱藏的悟境，此在太虛大師《自傳》中有這樣的記述：「是冬，每夜坐禪，專提昔在西方寺閱藏時悟境，作體空觀，漸能成片。一夜，在聞前寺開大靜的一聲鐘下，忽然心斷。心再覺，則音光明圓無際。從泯無內外能所中，漸現能所、內外、遠近、久暫，回復根身座舍的原狀。則心斷後已坐過一長夜；心再覺，係再聞前寺之晨鐘矣。心空際斷，心再覺漸現身器，符《起信》、《楞嚴》所說。從茲有一淨躶明覺的重心爲本，迥不同以前但是空明幻影矣！」

可見普陀山對於太虛大師的影響，而太虛大師對中國佛教的影響也就奠基於這個時期。可惜我們這次來到普陀山，既找不到般若精舍，也不知道錫麟禪院位於何處，普陀山的旅遊圖上看不到，旅遊指南也沒有記載。我向山上的青年僧探詢，有的只是聽說，有的則從未耳聞。因此我們只有到達佛頂上的慧濟禪寺，找到現在已是一片廢墟的閱藏樓遺址，象徵是太虛大師掩關、閱藏、著作、開悟的地方。

現在慧濟寺當家戒忍法師，也沒有聽說太虛大師在佛頂上閱藏閉關。因爲我於一九八八年在北京訪問時，他尚是北京佛學院的學僧，聽過我的開示，同時曾有法鼓山臺北大同區的會員謝純美等十六人，送了他一套我的《法鼓全集》，他曾經擔任過普陀山佛學院的教務長，對我的到訪，很感歡喜。他說，如果太虛大師閱藏是在慧濟寺，可能是閱藏樓，可是尚未修復，不過在我的要求下，便帶我去憑弔禮拜閱藏樓舊址；我也告知全體的團員前往禮拜。雖然不確定太虛大師是在那兒關閉，這兒是全山最高處，我們就把這兒當成普陀山的代表，來朝拜太虛大師的遺跡！

當天下午，滿天陰霾，可是當我在泥地上禮拜時，戒忍當家師告訴我說：「法師禮拜有感應，突然天空出現了陽光。」

因爲那是一片荒地，是預期中的建築工地，雜著一些破磚破瓦，而且對面的方向就是廁所，當我們大隊人馬前往禮拜時，山上的服務人員覺得非常驚奇：拜佛、拜菩薩，竟然還有人上山來拜廁所的！

可是我們有一車的菩薩們，在此處禮拜之時，見到天空出現瑞相，有的見到法輪，有的見到飛天，有的見到蓮花；使得那三十幾位菩薩都感動得涕泣不已。到了當天晚上，還在談論，並且在晚餐會上也派代表提出了報告。

佛頂山的閱藏樓，對今日的臺灣佛教，的確有著很多很深的淵源，那就是印順長老曾經在這兒看了多年的藏經，依據印老的自傳《平凡的一生》所述：「民國十九年（西元一九三〇年，二十五歲）十月在普陀山出家，受戒後即於翌年二月往閩南。民國二十一年（二十七歲）夏天，回普陀山，住到佛頂山慧濟寺的閱藏樓看藏經。住了一年半之後，便於二十三年正月，去了武昌佛學院閱覽三論宗的章疏，半年後的夏天，又回到了佛頂山。同年六、七月間再赴廈門，住了半年，於二十四年正月北返，經上海，再度回到佛頂山的閱藏樓，直到二十五年（三十一歲）秋天，在佛頂山完成了全藏的閱讀，心情頓覺輕鬆，便離普陀山。雲遊三個多星期，又回普陀山。臘月中旬從普陀山到武昌佛學院，住到二十六年的七月七日，蘆溝橋的抗日炮聲響了，第二年七月便經宜昌而到了四川的重慶，不再能夠回到普陀山去了。」

從以上所見，印順長老曾經六進六出普陀山，與佛頂山閱藏樓的因緣，前後達三年多，在這兒閱讀完全部藏經。如今時隔一甲子，印老健在，佛頂山閱藏樓早成廢墟而準備重修，還能讓我們來此憑弔禮拜，覺得十分歡喜。我雖不是印順長老的弟子門生，卻從他的著作中獲得深厚的法益，來此膜拜他的閱藏之處，也是探源和感恩的行爲了。

八三、法雨寺的印光大師關房

五月五日，星期日，陰。

今晨在用早餐之前，有人向我報告說，昨晚有一位本地法師，來到「息耒小莊賓館」的接待大廳，要求見我。由於好心者建議，爲免製造雙方的困擾，帶來不必要的麻煩，所以替我拒絕了。我在兩天前已經接到他的電話；他對我很熟悉，認爲我對他的影響很大，希望能親近我，請教佛法及修行的方向。想不到在這趟的行程中，凡是未經事先安排的訪客，一律不方便接見，以致我對這位年輕法師造成這樣的結果。

早餐後，訪問普陀山三大寺之一的法雨寺。相對普濟寺稱爲前寺而言，它又稱爲後寺。由當家道慈法師接待，他在十七年前，就跟佛頂山現年七十歲的了開長老出家。他告訴我們該寺的收入，主要是靠遊客及香客的香花劵（門票）和做水陸、拜梁皇寶懺來維持；普濟寺做眾姓水陸，法雨寺做獨姓水陸。現在有出家眾九十多人，年輕的居多。

我們到該寺參訪的目的，是因爲近代中興淨土宗的印光大師，在移往上海及

▲法雨寺林木扶疏。近代中興淨土宗的印光大師在這裡前後住了三十多年。

蘇州之前，就是在法雨寺靜修閉關三十多年。依據眞達、妙眞、了然、德森《印光大師行業記》記載：「年三十（光緒十六年庚寅）至北京龍泉寺爲行堂。三十一（光緒十七年辛卯）往圓廣寺。越二年（光緒十九年癸巳）普陀山法雨寺化聞和尙，入都請藏，檢閱料理，相助乏人。衆以師作事精愼，進之。化老見師道行超卓，及南歸（普陀山法雨寺），即請伴行，安單寺之藏經樓。寺衆見師勵志精修咸深欽佩，而師欲然不自足也。二十三年丁酉夏，寺衆一再堅請講經，辭不獲已，乃爲講《彌陀便蒙鈔》一座，畢即於珠寶殿側，閉關兩期六載，而學行倍進。」

後來幾度進出普陀山法雨寺，直到六十多歲，總共在普陀山前後住了三十多年，從一個默默無聞的僧人，成爲全國知名的大師，這都跟他在法雨寺韜光養晦有關。

因此，我要求道慈法師，允許我們到印光大師紀念堂禮拜瞻仰。遂由現年七十歲的光智法師，開啟二樓的一間紀念室。據說那就是印光大師當年的關房。空間約十坪大小，距離印光大師圓寂（民國二十九年，西元一九四〇年）已經五十六年了。經過幾次災劫，當年大師生前的用品、法物，已蕩然無存，所有的只是後人從各種資料中複印的幾十張圖片掛在壁上而已。這本也是意料中的事。能親自來到大師曾經在此修行的道場，以及閉關的房間，心願已足。我們來此，是爲體會當年大師閉關修行的環境，用來激勵我們見賢思齊的道心和弘法護法的願心。我們三百人都能進入這樣的關房，實在是得天獨厚的幸運，平常是不對外開放的，這要感謝道慈法師對我們特別厚待，因此很多人在此感動流淚。

現在的普陀山，也很重視年輕人閉關，專修念佛法門，目前有一位二十多歲的青年僧，已閉關三年，正在準備進入第二個三年，全山大眾都對這位法師寄予厚望。

法雨寺位於普陀山千步沙北端的光熙峯下，創建於明末神宗萬曆八年（西元一五八〇年），初名海潮庵。清聖祖康熙三十八年（西元一六九九年）皇帝賜「天華法雨」四字匾額，遂改稱爲「法雨禪寺」。寺內主殿是康熙批准由南京的明故宮拆遷而來，殿頂有九龍懸空的藻井，故又稱九龍殿，又名圓通殿，供奉觀音菩薩像。寺前的照壁是近人以青田石浮雕的九條盤龍，高達兩米，縱長十二米，據說由九個工匠，花了兩年的時間雕刻完成。寺內有九株古木，例如龍鳳柏、古銀杏，連理羅漢松等都有百年以上的樹齡了。古寺當有古樹陪襯，否則就顯得沒有生氣了。

八四、虛雲和尚等四位大師的參學修行處

午後上船離開普陀山之後，回望普陀山漸漸消失在水平線上，我便想起虛雲老和尚曾經從普陀山三步一拜到五臺山的景象，因爲他是我的臨濟宗接法源頭，我的法師靈源老人，雖是他的徒孫，卻是他親手剃度的。

依據虛雲老和尚的口述年譜，他於清文宗咸豐八年（西元一八五八年）十九歲，出家於福州鼓山湧泉寺，禮常開老人爲師。二十歲在同寺依妙蓮和尚受具足戒。清穆宗同治十一年（西元一八七二年）老和尚三十三歲，赴天臺山國清寺參學，習教理歷時二年；清德宗光緒元年（西元一八七五年）經奉化雪竇寺至岳林寺聽講《阿彌陀經》，渡海朝禮普陀山。光緒二年，回寧波至阿育王寺，拜舍利二藏（每藏五〇四八），至天童寺聽講《楞嚴宗通》。光緒六年，至鎭江金山寺親近觀心和尚。光緒八年爲報親恩，發願由普陀山朝禮五臺山。故再到普陀山，住了數月，便於七月初一日，由普陀山的法華庵起香，三步一拜，一直拜到山西的五

臺山。光緒十年五月底，至臺懷鎮的顯通寺，六月拜完五臺山，前後歷時三個年頭。

光緒十八年虛雲老和尚五十三歲，與普照、月霞、印蓮等諸師，同上安徽九華山，整修翠峯茅蓬，研究弘講《華嚴經》。光緒十九、二十兩年，仍住九華山，研究經教，直到光緒二十一年老和尚五十六歲，離九華山赴揚州高旻寺進禪堂打禪七。第三晚的第六支香開靜時，護七沖開水，濺老和尚手上，茶杯墮地，一聲破碎，頓斷疑根，如從夢醒，因述開悟偈云：

「杯子撲落地，響聲明瀝瀝；
虛空粉碎也，狂心當下息。」

又偈云：

「燙著手，打碎杯，家破人亡語難開；
春到花香處處秀，山河大地是如來。」

以上那些虛雲老和尚行腳參學研修經教的道場，例如天臺山國清寺、奉化雪竇寺、寧波阿育王寺，及天童寺、鎮江金山寺、普陀山、九華山等，都是我們這回巡禮過的，五臺山也是我於一九九一年四月已經朝禮過的。而虛雲老和尚從三十三歲到五十六歲這段修行過程的時間，共計耗時二十三個年頭，我僅以前後五

了近世幾位最傑出的大師級僧才。

年之間就走了一遍。這些地方，處處都曾留有他的腳印和修行的功德。如果不是他經過這麼長的苦修苦學的過程，就不會有中興中國近世禪宗的虛雲老和尚出現。他是我的法脈根源，究竟要以如何深切的虔誠心來進入他的內心世界，感恩他、繼承他、弘揚他的心法呢？

啊！普陀山，眞是一座偉大的靈山，近代中國佛教的五位大師中，竟有四位與普陀山有殊勝的因緣，除了弘一大師之外，虛雲、印光、太虛、印順，都是從普陀山走入人間來的。

普陀山之所以能夠孕育近世幾位最傑出的大師級僧才，也不全是靠的風水好，而是由於山上的住持長老們有遠見、有心量，山上除了備有藏經，也準

▲普陀山真是一座偉大的靈山，歷代以來不僅出了許多高僧，更孕育

備了閱藏樓、閱藏室、關房，接納資質優秀、道心堅固、卓立不群、又有學養基礎的比丘。雖然物質條件貧乏，卻能給予自由用功研修的環境。普陀山雖是香火旅遊的道場，對於佛法的根本精神及律儀的生活原則，倒是沒有偏差，所以能於清末光緒元年（西元一八七五年）到民國二十五年（西元一九三六年）的六十一年之間，連續有虛雲、印光、太虛、印順等四位大師從普陀山出現。印順長老曾於他的自傳《平凡的一生》中，對普陀山的自修環境，有如下的一段敘述：「二十一年（二十七歲）初秋，我就住到（普陀山）佛頂山慧濟寺的閱藏樓看藏經。這個自修環境，雖然清苦些（就是找不到錢），爲我出家以

來所懷念為最理想的。好處在常住上下，沒有人尊敬你，也沒有人輕視你，更不會來麻煩你。」

印順長老年輕時，既不求名聞，也不求利養，只求有一個沒有人麻煩他的地方，自自由由的自修閱讀藏經。所以能在普陀山住了又住，終身懷念。當他於民國二十五年（西元一九三六年）秋天，行腳至嘉興楞嚴寺掛單，由於常住的佛事興隆，他被派去拜了一天的梁皇寶懺，看情形不對，第二天就起單到旅館去住了一天。如果普陀山也常指派閱藏樓的比丘們去拜梁皇寶懺，印順長老這樣的人才，就難得出現了。

寺院為了維持生活及維修殿宇，不能沒有日常的服務工作，而對於具有特殊資稟的僧青年，宜有方便的培養方式。就拿弘一大師來說，雖是一代律學大師，當他於三十九歲出家受戒後，也沒有在靈隱寺及虎跑寺隨眾多久，依據《弘一大師年譜》所錄〈范古農述懷〉一文中有云：「余與（弘一大師）約，如不習住寺，可來此間（杭州）佛學會住，有藏經可以閱覽。故師（民國七年）出家（七月出家，九月受戒）後，即於九、十月間，來嘉興佛學會，會中佛書每部為之標簽，以便檢閱。會在精嚴寺藏經閣，閣有《清藏》（即《龍藏》）全部，亦曾為之檢理。」

像弘一大師這樣的龍象人才，也是不適合被某一寺院的生活方式所限制的，終其一生都是在閒雲野鶴的情況下度過。不受一般寺院規制約束，而又自我要求極其嚴格。正所謂出格的高僧。

近代中國的五大師中，除了虛雲老和尚到處隨眾領眾，服務寺職，擔任方丈之外，其他四位之中的弘一與印光二老，不收出家徒眾，不做方丈住持；太虛老雖任數寺住持，也度了不少出家弟子，但他從來不會擔任太久的寺院行政工作；印順老在臺灣、在菲律賓，或者自建道場，或者受聘擔任方丈，他總有一些能幹的門生，替他當家監院乃至做住持，代他做了寺院管理。

大師級的人物，也不是一般僧尼所學得來的，否則畫虎不成反類犬，希望變龍，終究像蛇！能夠有心閉關閱藏，當然很好，但也見到一些遊手好閒自鳴清高而又資質不夠、基礎不實的比丘，也去閱藏閉關，結果若不是關出病來，就是在關中收聽電臺、電視，閱讀武俠小說，徒然浪費光陰、虛耗信施，真是罪過來哉。

八五、從普陀到上海

我們往普陀山時，是從寧波的小港乘坐一般動力渡輪，從普陀山回程是搭乘飛翔號的快速飛船，向上海市出發。一般的渡輪從普陀到上海，需要六個小時，而這種飛船只需要兩個半小時，船底是兩側吃水而中間透空，好像一雙溜冰刀拼在一起，遠看就像是浮在水上向前飛行。這班船的航線是從舟山群島的杭州灣口，到達長江出口處的上海市郊南匯縣，看來水域不深，水質混濁，而處處可以看到水產養殖的設施，也處處可以看到大小不等的島嶼和陸地。

下午二點三十分抵達南匯縣的蘆潮港，此處原係一個小漁港，現已被開闢成一個新興的港口都市。車程經過一小時到達了上海市五星級的「新錦江」大飯店。沿途由當地導遊向我們介紹上海的郊區已相當的富裕。由於南匯盛產水蜜桃，兼做水產養殖和漁撈，所以沿公路的兩旁所見的農村都是一望無際的桃園及二、三層樓花園洋房式的農民住宅。

到了上海市區，也跟我八年前所留的印象大不相同，高速公路非常寬闊，而高架的內環道路長達四十八公里，暢通無阻。橫跨蘇州河的橋樑，也是非常壯觀雄偉。經過虹口，幾乎已不認識。市中心處處都是高樓大廈，路面到處都在拓寬。據說現在全市有一千三百萬居民，另有三百萬來自鄉間的民工，夜以繼日的趕著建設的工程，目前有一萬多個工地正在興建。

市區的腳踏車雖然還是不少，計程車的數量也非常的多，人力黃包車固已絕跡，腳踏三輪車也不見蹤影，連機器三輪車也都沒見到。

市民的衣著，比起香港人並不遜色，比起臺北人還要華麗。

八年前上海市很少有夜生活，到了六點多，店家多半打烊。現在的小吃店、水果店、雜貨店，到了晚上十二點還是燈火通明。五十年前夜上海的景象已在恢復中。娛樂場所像卡拉ＯＫ，更是通宵達旦，除了政治制度和意識型態之外，已經無從分辨臺北與上海的不同之處了。在衛生清潔、亂丟垃圾等約束方面，似要比臺北市更有節制些。特別是公共設施的興建效率，非常快速。爲了拓寬馬路、高速道路、集體改建高樓大廈的計畫，以及整頓市容的決策，做的十分徹底而快捷。無論是誰的住宅，爲了公共設施，命令搬遷就得立即行動。我俗家三哥這一房，就由於整頓市容，住屋被拆，便不知遷到何處去了。像這樣的情況，在臺灣的環境裡，是無法想像的事。

八六、訪靜安古寺

早餐之後，收拾行李，登車訪問我的母院靜安古寺。這在原來的計畫中，並未列入，在臨行前兩星期才安排進去的。不列入的原因是：1.那不是旅遊重點。2.此寺的範圍太小，三百人進去，大殿內外都站不下。3.先遣人員去拜訪時，靜安寺已沒有認識我的人。4.一九八八年我已訪問過了。

不過，我還是希望去拜訪，因爲那畢竟是我少年時代讀過書的地方，法鼓山的尋根探源之旅，如果缺少了這一站，眞會讓團員們遺憾。

關於靜安寺的歷史，以及我在那兒讀書的情況已在《歸程》及《法源血源》兩本書中做過介紹。

上海市區因爲交通繁忙，我的車隊被分開行動，靜安寺前停車也不方便，所以先到的幾輛車抵達靜安寺半個小時後，我坐的車才到達，不僅讓一百多位團員列隊在該寺的前院念阿彌陀佛聖號，也讓該寺三位年輕的監院慧明、聖懷、益華法師在大門口等候很久。擔任上海市佛教協會常務理事，也是上海佛學院副教務長的慧明法師才二十九歲，但已非常的練達，一見面就說：「這也是您的常住，歡迎您回來。」然後就陪我經由功德堂和三聖殿，穿過天王殿，到達大殿。我向隨行的人員解說，功德堂和三聖殿是我學僧時代的教室和齋堂，大殿兩側的迴廊是當年學僧的廣單寢室。

在一九八八年訪問該寺時，大殿在遭回祿後尚未修復，今已重修完成。當年大殿供的木雕釋迦如來像，已經改爲緬甸的玉佛。雖然是重建的殿宇，其規模形式亦如往年。所以我也告訴隨行人員，那兒是我上殿經常站的位置，我還清

▲靜安古寺是作者少年時代讀書的地方。

楚的記得當年每天早上在尙未天亮的摸黑之中如何洗臉、漱口，趕著上殿的情景。

之後我們去客堂，會見了現年七十七歲的都監德悟長老，上回去上海，他到機場苦候我兩個多小時，這回他畢竟老了，既未接我又未送我，僅在客堂寒暄幾句，就由幾位年輕監院帶著我，去客堂的二樓，參觀當年的佛學院院長及靜安寺住持——持松老法師紀念堂以及文物館。因爲我聽說當年的副院長，也就是後來到臺灣一住就四十多年的白聖老法師，圓寂之後臺灣的弟子明乘法師、今能法師等，曾回靜安寺，打了水陸法會，可能也會陳列些紀念他的東西罷，但是沒有發現。

我知道當年的同學之中，尙有一僧二俗的三位同學在靜安寺服務，我問起慧明法師：「能不能見到他們？」他的答覆是：「養凡法師正在做佛事不能見客；賈勁松居士已中風；李中流居士今天沒看到。」當然，要見外來正式的訪客，有它一定的程序，我的臨時指名，應該是見不到人的。

靜安寺的殿宇，已經再度整修擴建，原來的木結構現在已是鋼筋水泥，原來的平房現在已是兩、三層的樓房。原來的寺產被移作靜安小學校舍，也已收了回來。同時正在計畫把天王殿前早期的古大門，連同一幢高樓收回爲寺有，並且計畫恢復四月初八日一年一度的廟會。看來靜安寺在不久的未來，就要恢復到古代名剎的規模了。現在住了四十多位僧眾，都是靠著經懺、佛事維持門庭，不過到現在爲止，客堂前還是掛著「止單」二字，意思是不接受外來僧眾的掛單，因爲他們的設備還不夠。

在一九八八年時，靜安寺的方丈懸缺，後由玉佛寺的眞禪方丈兼任，去（一九九五）冬眞禪方丈圓寂後，現在又處於懸而未決的狀態。當天的天氣出奇的寒冷，在前院等了很久，車子又沒有回來，只好又坐進他們的辦公室中等待，談話間發現幾位年輕法師，都是上海佛學院畢業的同學，對於佛教的復興也都有相當大的抱負，對於寺院的經營也相當有魄力。臨別送了四本書：1.《靜安古寺》，2.《持松法師論著選集》，3.《持松法師紀念文集》，4.《持松法師紀念文集續編》。慧明特別翻給我看，其中也有我贈的一幅字「無上金剛王，獅吼留遺音」。他眞是很細心的人。

八七、龍華寺・功德圓滿

因爲我們時間很趕，本來沒有預定要進寺院打擾任何人，只是中旅社安排在龍華寺的迎賓館午餐，因爲那是上海最有名的素菜餐廳，而且場地夠大。可是被龍華寺的事務處第一副主任王永平居士知道之後，臨時要求我們入寺訪問。他是上海市佛教協會副會長，在上海市的佛教界，他是相當有地位的領導。一九八八年我到該寺訪問，他陪同明暘長老一齊接待我，執居士禮，相當客氣。所以利用餐前的三十分鐘，拜訪了龍華寺；由他和年輕的監院慧平法師等接待。現在寺中的繁重職事都是由上海佛學院畢業的年輕法師擔當，寺中也有青年僧眾培訓班，三年畢業，成績優秀的再進佛學院。我們入寺之時，大殿正有十多位僧眾在誦經做佛事，爲了不便打擾，只在殿前廊下禮拜，沒有進大殿。

該寺接待我用茶的還是和八年前同一間會客室，那時候的方丈明暘長老，親自從北京趕回來接待，並且熱情的拉著我，在院中清文宗咸豐年間（西元一八五一——一八六一年）留下而正在盛開的古牡丹花前合影。這次牡丹已經在一週前謝了，而明暘長老也過了八十高齡，健康不是很好，常住圓明講堂，所以這次沒有

▲龍華寺。

見到。王居士要我常常回到大陸看看，對大陸的佛教多瞭解一些，想法、看法，也會更加接近。這是眞的，每次進入大陸，印象都有改變。

用過午餐之後，已是十二點正，上車趕往虹橋機場，全體團員便分搭三個班次的飛機：1.二點的班機經香港到高雄，2.二點四十分的班機經洛杉磯到紐約，3.三點四十分的班機經香港到臺北。亞星旅行社先替我辦好出境手續，讓我在候機室等待，也讓我看到另外兩批團員，順利平安的陸陸續續通過出境的證照檢查、行李放行，進入候機室來。

心想：功德圓滿，大家辛苦了。感恩三寶，感謝大陸各界的接待，感激全體團員的合作。以虔誠心爲你們祝福。

正在紐約撰寫本書之際，讀到《世界日報》刊出中央社香港六月六日的報導稱：中共國務院宗教事務局政策法規司的負責人表示，今日中國大陸信仰宗教的總人數在一億以上，各宗教的活動場所七萬餘處，宗教團體二千多個。

又稱，目前大陸有佛教寺廟九千五百餘座，僧人十七萬人。道觀六百餘座，道士、道姑六千餘人。回教總人口一千七百多萬，清眞寺二萬六千餘座。天主教徒近四百萬人，神職人員一千七百餘人。基督徒八百萬人，傳道人員一萬八千人，教堂八千餘座，聚會點兩萬餘處。

以此數字與八年前相比，大陸宗教信仰的人數及活動場所，已增加了許多倍。

（一九九六年六月十二日完成初稿，六月二十七日完成清稿於紐約東初禪寺）

國家圖書館出版品預行編目資料

步步蓮華／聖嚴法師著. -- 三版. -- 臺北市：
法鼓文化, 2015.08
面； 公分
ISBN 978-957-598-678-0（平裝）

1.佛教 2.遊記

220.7 104011156

寰遊自傳 9

步步蓮華

A Lotus Flower at Every Step

著者／聖嚴法師
出版／法鼓文化

總監／釋果賢
總編輯／陳重光
攝影／聖嚴法師，果品法師，李蓉生，黃平立
封面設計／邱淑芳
地址／臺北市北投區公館路186號5樓
電話／(02)2893-4646 傳真／(02)2896-0731
網址／http://www.ddc.com.tw
E-mail／market@ddc.com.tw
讀者服務專線／(02)2896-1600
初版一刷／1998年1月
三版一刷／2015年8月
建議售價／新臺幣280元
郵撥帳號／50013371
戶名／財團法人法鼓山文教基金會—法鼓文化
北美經銷處／紐約東初禪寺
Chan Meditation Center (New York, USA)
Tel／(718)592-6593 Fax／(718)592-0717

法鼓文化